THE NEW ART OF ENGLISH COMPOSITION

〔改訂新版〕
BOOK ONE

BY

A. W. MEDLEY

T. MURAI

Y. IIDA

H. KOZAWA

D. COZY

TAIBUNDO
TOKYO

改訂新版の発行にあたり

　本書は、1985年の改訂版発行以来の新版となります。英語表現を学ぶための副教材ベストセラーとして、長い間、高校・予備校・塾・語学学校等で広く使われてきました。しかし、2000年代ともなると、使われた多くの例文の内容も急速に古くなり、版を重ねる回数も減り、その名も消えつつありました。そのことを惜しみ、復活を求める声が当社編集部にも数多く届くようになりました。

　そのため、ここに、「学習者が、先ず、規範的な英文に接し、文法・語法を使って論理的にも納得しながら英語表現の基本知識を身につける」という本書本来の思想を変えることなく加筆訂正を施し、より現在にマッチした改訂新版として発行いたしました。

2012年3月　(株)泰文堂 編集部

CONTENTS
BOOK ONE

Chapter	Page
1. "How often," etc.	1
2. Negative Sentence	6
3. Word-Building	11
4. Conjunction and Preposition	16
5. Present Tense	21
6. "Will," "Shall" (1)	26
7. "Will," "Shall" (2)	31
8. "Must," "May," "Can"	36
9. "Have to ∼," "Be able to ∼"	41
10. "The"	46
11. Voice	51
12. Infinitive (1)	56
13. Infinitive (2)	61
14. Infinitive (3)	66
15. Infinitive (4)	71
16. "That"-Clause	76
17. Present Perfect Tense	81
18. Present Perfect Tense (2)	86
19. Relative Pronoun	91
20. Conjunction (1)	96
21. Conjunction (2)	101
22. Interrogative Sentence	106
23. Numerals	111
24. Comparison	116
25. Preposition	121

BOOK ONE

CHAPTER 1
"How often," etc.

> 〔 1 〕
> "how often," "how many times"
> 「何回」「何べん」「どのくらい」

「バスはどのくらいひんぱんにありますか」
「10分おきにあります」

"How often does the bus run?"
"Every ten minutes."

1. 「回数」を問うときには "how often" を使い、「一定の期間内の回数」の場合は "how many times" を使う。
    a. あなたは何回外食しますか。1日おきです。
       How often do you eat out?—I eat out every other day.
    b. 週に何回会ってコーヒーを飲むのですか。(週に)2回です。
       How many times a week do you meet for coffee? — Twice (a week).
2. 「回数」の言い表し方。
    1回　once　　2回　twice
    「3回」以上には "times" を用いる。
    5回　five times　　数回　several times
    たびたび　many times; often
    何十回となく　dozens of times　　いつも　always

> [2]
> "how long"
> 「どのくらい」「いつから」「いつまで」「何時(日)間…」

「サンフランシスコの友人のところに、いく日泊まりましたか」

「10日から16日まで、1週間泊まりました」

"How long did you stay with your friend in San Francisco?"

"For a week, from the 10th to the 16th."

3. 「時間の継続期間」を問うときには "how long" または "how many (hours) …" を使う。
   a. ロンドンに何日滞在しましたか。
      How long (=How many days) did you stay in London?
   b. 車でどのくらいかかりましたか。
      How long (=How many hours) did the drive take?
   c. フリーマン家とのおつきあいはどのくらいになりますか。
      How long (How many years) have you known the Freemans?
4. "how long" (いつまで) "when" (いつ)
   a. この本はいつまでお借りできますか。
      How long may (can) I keep this book?
   b. この本はいつお返ししましょうか。
      When shall I return this book?

〔3〕
"how far," "how soon," etc.
「どのくらい」「どこまで」「何(マイル)」

「家から学校までどのくらいありますか」
「そうですね、約1マイル半あります」

"How far is it from your house to the school?" "Well, let me see, it is about one and a half miles."

5. 「距離」を問うときには "how far," "how many (miles) …" を使う。

   a. 東京までどのくらいありますか。

   How far is it (from here) to Tokyo?

   b. 今朝はどこまで行きましたか。

   How far did you go this morning?

   c. 君は1日に何マイル歩けますか。

   How far (=How many miles) can you walk in a day?

6. "how soon" (いつ)

   a. 仕事はいつ終わるか。

   How soon can you finish the work?

   b. それはいつ用意ができますか。

   How soon will it be ready?

[追 補]

7. "every" で始まる慣用句
   a. every Sunday
      日曜日ごとに、毎日曜に
   b. every five minutes
      5分ごとに
   c. every other day; every two days
      1日おきに、2日ごとに
   d. every third week; every three weeks
      3週間目ごとに、3週間に1度
   e. every fourth hour; every four hours
      4時間目ごとに、4時間に1度
8. "stay at 〜 ," "stay with 〜"
   a. 彼はホテルに泊まっている。
      He is staying at a hotel.
   b. 彼女は友だちの家に泊まった。
      She stayed at her friend's house.
   c. 彼はおじさんの家に泊まっている。
      He is staying with his uncle.
9. "〜 and a half miles (=〜 mile(s) and a half)"「〜マイル半」
   a. one and a half miles (=a mile and a half)
      1マイル半
   b. two and a half hours (=two hours and a half)
      2時間半

EXERCISE

1. 「コーヒーはよく飲みますか」「毎日、飲みます」
2. 「チャーリーの家へはどのくらい行きましたか」「3度、行きました」
3. 「1時間にどのくらい走れますか」「5マイル走れます」
4. 「きょう午後はどこまで歩きましたか」「マディソン街まで歩きました」
5. 「この本はいつまでお借りできますか」「次の金曜日までお貸しすることができます」
6. 「あの人はロサンジェルスの友人の家にどのくらい泊まっていましたか」「10日ぐらい泊まっていました」
7. 彼は3日ごとに医者へ行きます。
8. 「ここから隣の村へはどのくらいありますか」「そうですね、3マイル半ばかりあります」

WORDS & EXPRESSIONS

2. チャーリー　Charlie
4. マディソン街　Madison Avenue
5. 借りる、お貸しする（keepを用いて）
6. ロサンジェルス　Los Angeles
8. 隣の村　the next village

CHAPTER 2
Negative Sentence

---
〔1〕
否定副詞
"not," "never"

「(車の) フロントガラスを拭きましょうか」
「いや、ありがとう。時間がないから」

"Do you want your windshield wiped?"
"No, thank you. I don't have time."

10. 動詞を否定するには否定副詞 "not" または "never" を用いる。
   a. 彼は約束を守ら (破ら) ない。
      He never keeps (breaks) his word.
      He does not keep (break) his word.
   b. うそを言ってはならない。
      Never tell a lie.
      Don't tell a lie.
   c. 心配するな。気にしないで。
      Don't worry.
      Never mind.

"never" は強調のために文頭にくることがある。そのときは、主語と助動詞が倒置される。
   彼がそんなに行儀よくするとは夢にも思わなかった。
   Never did I dream (that) he would behave so well.

[2]
否定目的語
i.「否定代名詞」　ii.「"no" ＋名詞」

彼は熱心に努力するが、学問が少しも進歩しない。

Though he works hard, he makes no progress in his studies.

11.「否定代名詞」"nothing," "nobody," "none," etc. を、「動詞」、「前置詞」の目的語として否定文を作る。

   a. 途中でだれにも会いませんでした。

      I met nobody on the way.

      ＝ I did not meet anybody on the way.

   b. 先週末は何をしたのですか。— 別に（これといって特に）。

      "What did you do last weekend?" "Nothing much."

   c. 実存主義者は「人は何にも頼れない」と言う。

      Existentialists say, "Man can count on nothing."

12.「no＋名詞」をa.「動詞」、b.「前置詞」の目的語として否定文を作る。

   a. その絵には男の子が2人見えますが、女の子はひとりも見えません。

      I can see two boys in the picture, but no girls.

   b. 歳月人を待たず。

      Time and tide wait for no man.

> [3]
> a. 否定主語
> "Nobody knows what it is."

学生たちの中で、その問題を正しく答えたものはいませんでした。問題は彼らに難しすぎたのです。

None of the students could answer the question correctly. It was too difficult for them.

13. 「否定代名詞」、「"no"＋名詞」を主語として否定文を作る。
    a. 私の悩みをだれも知らない。
       Nobody knows the trouble I've seen.
    b. 彼の気に入ったものは何もなかった。
       Nothing pleased him.
    c. 空気なしに生きていられる動物はない。
       Without air no animal can live.
    d. このクラスの全員が終業式に出席した。
       No one in this class failed to attend the closing ceremony.
14. "none of ～"「～の中で…なものはない」
    a. この本の中で読む価値のあるものは1冊もない。
       None of these books are worth reading.
    b. 彼の大学の同僚で、その実験に成功したものはいなかった。
       None of his colleagues at the university succeeded in the experiment.

[追　補]

15. "succeed in ～"「～に成功する」

    "fail in ～"「～に失敗する」(試験のときは in を使わないことが多い)

    "fail to ～"「～仕損なう」

    a. 彼はその事業に成功（失敗）した。
       He succeeded (failed) in the undertaking.
    b. 彼女は数学の試験に落ちた。
       She failed the math exam (ination).

16. "make progress in one's ～"「～が進歩する」

    a. 彼はめきめき英語が進歩している。
       He is making rapid progress in his English.
    b. ベッツィは努力しているが、間違いなく進歩している。
       Betsy is still struggling, but she is definitely making progress.

17. "too ～ for …"「…にはあまりに～すぎる」

    a. この帽子は私には大きすぎる。
       This hat is too big for me.
    b. それは彼には値段が高すぎる。
       It is too expensive for him.
    c. その景色の美しさはことばに尽くせなかった。
       The sight was too beautiful for words.
    d. その数学の問題はジムにとって難し過ぎて解けなかった。
       The math problem was too difficult for Jim to solve.

EXERCISE

1. 彼らの中でそのいすを動かせるものはひとりもなかった。彼らにはあまりにも重すぎた。
2. その問題を解くことができるものはいなかった。
3. 私たちの中で、それを英語に訳すことのできるものはひとりもいなかった。
4. 心配しないで。私は明日まで、そのデジカメを必要としません。
5. 太陽は決して西に昇りません。太陽は常に東から昇り、西に沈む。
6. 完全な円などというものを描くことはできません。単に想像上存在するものです。
7. ホールの中には"禁煙"の掲示があったのに、彼は自分のタバコに火をつけようとした。
8. 魚は水中で生きています。水なくして生きていく魚はありません。

WORDS & EXPRESSIONS

1. 〜を動かす　to move 〜
2. 問題を解く　to answer a question; to solve a problem
3. 〜を…に訳す　to translate 〜 into …
6. 完全な円　a perfect circle　　想像上の　imaginary
7. "禁煙"の掲示　a sign saying, "No Smoking"
   タバコ　a cigarette　　〜に火をつける　to light 〜

CHAPTER 3
Word-Building

> 〔1〕
> 「動詞＋"er," "or"」＝名詞
> 動詞または名詞＋"ist"＝名詞
> 動作者を表す名詞

彼女は非常に優れたピアニストです。クラスの中で彼女ほど上手にピアノをひく人はありません。

She is a very good pianist. No one in her class can play the piano as (so) well as she.

18. "er"だけでなく、"or," "ar," "ist"の場合もある。

   a. teach→teacher　　write→writer
   b. sail→sailor　　act→actor
   c. lie→liar　　school→scholar
   d. violin→violinist　　apology→apologist

19. 「動詞＋副詞」→「形容詞＋名詞」。動詞が名詞になると、副詞は形容詞になる。副詞と形容詞と同形のものがある。

   a. He speaks carefully. He is a careful speaker.
   b. He rises early. He is an early riser.
   c. He works hard. He is a hard worker.
   d. He swims well. He is a good swimmer.

〔2〕
名詞＋"y"＝形容詞

雨の降る日には道がぬかるし、風の吹く日にはほこりがひどい。

On rainy days the roads are muddy, and on windy days they are dusty.

20. 名詞の語尾に"y"をつけて、形容詞を作るが、この場合、つづり字が変わることもある。
   a. noise　　It's awfully noisy outside.
      rock　　 The mountain is rocky.
      dirt　　 Your hands are dirty.
      thirst　 He is thirsty.
   b. hunger　 I am very hungry.
      stone　　The road is stony.

21. 「名詞＋"y"＝形容詞」で、天候に関するもの12語。

雲 cloud	cloudy	あらし storm	stormy
雪 snow	snowy	霜 frost	frosty
風 wind	windy	雨 rain	rainy
かすみ mist	misty	日 sun	sunny
霧 fog	foggy	星 star	starry
スモッグ smog	smoggy	そよ風 breeze	breezy

cf. cold, hot, warm, cool, humid, muggy, fair

CHAPTER 3

> 〔3〕
> a. 動詞＋"ing"＝名詞
> b. 動詞＋"ing"＝形容詞

　私は好きなクラシック音楽を聞いて楽しかったが、明らかにケイトは好きでなかったようだ。ずっと、もじもじしていた。

I enjoyed listening to my favorite classical music, but Kate apparently did not like it; she kept fidgeting the whole time.

22. a. 「動詞＋"ing"＝名詞」（動名詞）は抽象名詞になる。
    fish　　fishing　つり
    learn　　learning　学問
    read　　reading　読書
    ride　　riding　乗馬
    sing　　singing　唱歌
    swim　　swimming　水泳
    surf　　surfing　サーフィン
23. b. 「動詞＋"ing"」（現在分詞）は形容詞を作る。
    an interesting story　おもしろい話
    living things　生きているもの
    the rising sun　昇る太陽（朝日）
    a sleeping child　眠っている子ども
    startling news　驚くべきニュース

［追　補］

24. "as ～ as …"（肯定）「…ほど～」
    "not as (so) ～ as …"（否定）「…ほど～でない」
    a. Is it as cold in Tokyo as in New York?
       It is not as (so) cold in Tokyo as in New York.
    b. I can run as fast as my sister, but I cannot run as (so) fast as my brother.
25. 「道」"road," "way"
    a. 両側にカエデの木が立っている広い道（道路）でした。
       It was a broad road with maple trees on both sides.
    b. 彼は駅へ行く道を教えてくれました。
       He told me the way to the station.
26. 「～旅行」「traveling＋前置詞～」
    徒歩旅行　traveling on foot
    鉄道（陸の）旅行　traveling by train (by land)
    船の（海の）旅行　traveling by ship (by sea)
    自転車旅行　traveling by bicycle
27. "for the first time," "at first," "first"
    a. 私はそのとき初めてコアラを見ました。
       I saw a koala for the first time then.
    b. 始めのうちは何だか私にはわかりませんでした。
       At first I could not tell what it was.
    c. 誰が100m競争で1位だったのか。
       Who finished first in the 100-meter dash?

EXERCISE

1. 彼は朝から晩まで一所懸命に働く。彼は勤勉家です。
2. 曇っている日には、その山は見えない。
3. 私は水泳が好きですが、じょうずには泳げません。
4. 彼は非常に足の速いランナーで、彼のクラスで彼ほど速く走れる者はありません。
5. 風の吹く日には泳ぎに行ってはいけない。波が荒くて危険だから。
6. 決してうそを言うな。うそつきはだれも信用しない。
7. 私は鉄道旅行よりも徒歩旅行のほうが好きです。
8. 今朝はたいへん眠い。昨晩よく眠らなかったので。

WORDS & EXPRESSIONS

2. 〜の日には   on a 〜 day
4. 足の速いランナー   a fast runner
5. 泳ぎに行く   to go swimming; to go for a swim
   波が荒い   the waves are high   　危険な   dangerous
6. 〜を信用する   to trust 〜

CHAPTER 4
Conjunction and Preposition

---
[1]
「(～した) あとで」「(～して) から」

先週の水曜日、学校が終わったあとで、私たちは新しいショッピングセンターを見にいきました。

On Wednesday last week, after school was over, we went to the new shopping center.

28. 接続詞としての"after"は、節の先頭に立ち「時を表す節」(副詞節)を作る。
   a. 彼は暗くなってから私のオフィスにやって来た。
      He came to my office after it became dark.
   b. 彼は父が亡くなってから東京に移った。
      After his father died, he went to live in Tokyo.
29. 前置詞としての"after"は「"after"＋名詞」(副詞句)を作る。
   a. 彼は暗くなってから私のオフィスにやって来た。
      He came to my office after dark.
   b. 彼は父が亡くなってから東京に移った。
      After his father's death, he went to live in Tokyo.

[2]
"before"
「(〜) する前に」「(〜し) ないうちに」

そこを離れる前に、私はドームを背景にして、家族の写真を撮りました。

Before we left the place, I took a photograph of my family with the dome in the background.

30. 接続詞としての "before" は節の先頭に立ち、「時を表す節」(副詞節) を作る。
  a. 寝る前にあかりを消しなさい。
     Turn off the light before you go to bed.
  b. 彼は、私が朝飯をすまさないうちに出かけた。
     He set out before I finished my breakfast.
     この用法の "before"「〜しないうちに」に "not" を用いると誤りになる。
31. 前置詞としての "before" は「"before"＋名詞」(副詞句) を作る。
  a. 彼らはみんな10時前に寝ました。
     They all turned in before ten.
  b. 彼は暗くならないうちに私を夕食に連れ出した。
     He took me out to dinner before dark.

〔3〕
"till," "until"
「(〜する)まで」

　ガソリンスタンドの店員が、水、オイル、タイヤの空気圧を調べてくれるまで待った。

I waited until the attendant at the service station checked the water, oil and tire pressure.

32. 接続詞としての "till," "until" は「時を表す節」(副詞節)を作る。
    a. 私はその大型の箱時計が11時を打つまで待ちました。
       I waited till the grandfather clock struck eleven.
    b. 私は太陽が昇るまでそこに立っていました。
       I kept standing there until the sun rose.
33. 前置詞としての "till," "until" は副詞句を作る。
    a. 彼は出発を翌日まで延ばした。
       He put off his departure till the next day.
    b. 明後日まで、これを預かってください。
       Please keep this for me till the day after tomorrow.
    c. 私は太陽が昇るまでそこに立っていました。
       I kept standing there until sunrise.

[追　補]

34. "pay a visit to ～" = visit ～; come (go) to see ～
   a. He visited me.　He visited a Shinto shrine.
   b. He paid me a visit (came to see me).
   c. He paid a visit to a Buddhist temple.
35. 節。主語と述語動詞を含む語群を「節」という。
   a. He apologized after he caused so much trouble.
   b. He turned off the light before he went to bed.
   c. He had to give up driving until he got an international driver's license.
   d. He watched a soccer game on television while his younger brother helped his father in the garden.

　接続詞 "after," "before," "until," "while" で始まっている上記の節は、それぞれの主節の動詞 "apologized," "turned off," "had to give up," "watched" を修飾するから「副詞節」である。

   e. Kate abandoned college after only two years.
   f. I went to see her in the hospital almost every day after work.

　　e. f. の文の "after" で始まる句は、それぞれの主節の動詞 "abandoned," "went" を修飾するから「副詞句」である。

EXERCISE

1. 1年生は、水曜日の午後、学校が終わってから国立図書館を見学しました。
2. 会議が済むまで、ここで待っていてください。
3. 工事は3月に着手され、10月にならないうちに終わった。
4. 「彼はなぜ出発を土曜日に延ばしましたか」「彼のお父さんが急に病気になったからです」
5. 「ゆうべ寝る前に電灯を消しませんでしたか」「はい、消しませんでした」
6. 彼が荷物を取りにくるまで、私が見張っていました。
7. 「暗くならないうちに山を越えましたか」「はい、そして私たちが宿に着いたときには、まだ日が輝いていました」
8. 彼は私がパリに着く前にそこを発ったので、会うことができませんでした。

WORDS & EXPRESSIONS

1. 1年生　the first-year students; freshmen
   国立図書館　the National Library
2. 会議が済む　to get through one's meeting
3. 工事　the (construction) work　着手される　to be started
   終わる　to be finished
4. 急に　suddenly　病気になる　to be taken ill
6. 荷物　baggage　それを取りにくる　to come to pick it up
   〜を見張る　to keep an eye on 〜
7. 〜を越える　to cross 〜　宿に着く　to put up at an inn(投宿する)

CHAPTER 5
Present Tense

> [1]
> 「現在の状態」"is," "look"
> 「現在の動作」"walk"

どうしたのですか。ひどく疲れているみたい。それに歩き方もゆっくりしている。

What is the matter with you? You look very tired and walk very slowly.

36. 「現在の動作」には多く進行形を用いる。
    「あの人たちは何をしていますか」「かけっこをしています」
    "What are they doing?" "They are running a race."
37. 現在時制は以上のほかに、「現在の習慣的動作」「時間に関係しない一定不変の事がら・真理」を表す。
    a. スージーは暇な時間に日本についての本を読む。
       Susie reads books about Japan in her spare time.
    b. 地球は1年に1回、太陽の周囲を回る。
       The earth moves round (around) the sun once a year.
    c. 太陽は途方もないほどのエネルギーを放出し続ける。
       The sun keeps on giving out enormous amounts of energy.

〔2〕
未来代用の現在時制 (1)
確定している未来の事柄

「学校はいつから夏休みになりますか」「来週の金曜日からです」

"When does your school let out for the summer?" "It lets out on Friday next week."

38. 現在時制は確定的な未来の事がらを表す。この場合には、多く未来を表す副詞をともなう。

a. 彼の公判は、2、3日ほどで始まる。

His trial begins in a few days.

b. 「104便はデトロイトへ何時に出ますか」「午後3時20分に出ます」

When does Flight 104 leave for Detroit? It leaves at 3:20 p.m.

c. 彼はいつ、シカゴの会議から戻りますか。

When does he return from the conference in Chicago?

d. 私の長男は、来年、神戸の小学校に入学する。

My oldest (eldest) son enters an elementary school in Kobe next year.

[3]
未来代用の現在時制 (2)
「副詞節」に用いた現在時制

雨はまだ少し降っていますが、10時頃、私たちが海岸に出かけるまでには晴れるでしょう。

Though it is still raining a little, it will clear up before we set off for the beach around 10 o'clock.

39. "after," "before," "till," "until" で始まる「時の副詞節」では、事がらが未来でも現在時制が用いられる。

   a. 彼が仕事に戻るまで、ここで待ちましょう。

   Let's wait here till he comes back to work.

   b. 学校がすんでから、テニスをしよう。

   Let's play tennis after school is over.

40. "when"「(〜する)と」、"if"「もし〜ならば」で始まる副詞節でも現在時制が未来代用になる。

   a. 明日、忙しかったら来なくていいです。

   You don't have to come tomorrow if you are busy.

   b. 彼らが戻ったら、ペアを作りこのゲームをします。

   We'll get into pairs and play this game when they return.

[追 補]

41. "the matter with ～"
    a. あの人はどうしたのですか。
       What is the matter with him?
    b. あの人はどうかしたのですか。
       Is anything the matter with him?
    c. あの人はどうもしません。
       Nothing is the matter with him.

42. 「(いつ) から」"from" を用いない場合
    a. テストは正午に始まります。
       The test starts at noon.
    b. 学校はいつから休みになりますか。
       When does school let out for the vacation?
    c. 休みはいつからですか。
       When do the holidays begin?
    d. 始業式は8時から始まります。
       The opening ceremony begins at eight.

43. "leave" (他動詞)

    この新幹線列車は8時半に新横浜を出ます。

    This bullet (Shinkansen) train leaves Shin-Yokohama at 8:30.

    「行き先」には "for" がつく。

    彼は、昨日、ロンドンに向けローマを出発した。

    He left Rome for London yesterday.

EXERCISE

1. 彼は時間をよく守り、決して約束を破りません。
2. 朝6時に起き、7時に朝飯を食べ、8時15分前に学校へ出かけます。
3. 雨がひどく降っている。やむまで待とう。
4. どうかしましたか。顔色が悪い。
5. 頭が痛いし、それに、たいそう寒気がします。
6. 成田へ妹を迎えに行くところです。妹は、今朝ハワイから戻ります。
7. 「試験はいつから始まりますか」「来週から始まります」
8. 何時にチェックアウトしなければなりませんか。

WORDS & EXPRESSIONS

1. 時間をよく守る   to be punctual
4. 顔色が悪い   to look pale
5. 頭が痛い   to have a headache   寒気がする   to feel chilly
8. チェックアウトする   to check out

CHAPTER 6
"Will," "Shall"(1)

> 〔1〕
> 単純未来（平叙文）
> 1人称 "will," "shall"　2人称、3人称 "will"

来月は雨が多いことでしょう。毎年そのころには、いつも雨がよく降ります。

We will have a lot of rain next month. We always have a good deal of rain about that time of (the) year.

44.　1人称には 'll (will, shall) を、2人称、3人称には "will" を用いて未来時制を作る。

a.　私はもうじき直ります。
　　I'll (will, shall) get well before long.
b.　努力しないと、失敗するよ。
　　If you don't work hard, you will fail.
c.　彼はいつかは、それをきっと後悔する。
　　Some day he will certainly be sorry for it.
d.　それは何かと便利です。
　　That will come in handy.
e.　まもなく会社は英語を社内の公式言語として使い始める。
　　Our company will soon start to use English as the official in-house language.

> [2]
> 単純未来（疑問文）
> a. "Shall I ～ ?"
> b. "Will you ～ ?"
> c. "Will he ～ ?"

「この列車に乗れば現地に何時に着きますか」
「夕方6時前に着きます」

"What time will you get there if you take this train?" "I'll get there before six in the evening."

45. 未来時制の疑問文とその答え
    a. どうしよう。
       What shall I do?
       そうです、果物を食べないと具合が悪くなります。
       Yes, you will get worse if you don't eat fruit.
    b. 来年はどんな新科目がありますか。
       What new lessons will you have next year?
       来年は新科目はありません。
       We'll have no new lessons next year.
    c. 彼は明日の午後は暇でしょうか。
       Will he be free tomorrow afternoon?
       はい、彼は明日の午後は暇です。
       Yes, he will be free tomorrow afternoon.

> [3]
> 未来受動態
> 未来進行形

試験の成績は、近いうちに発表されますが、何人かの落第点をとる者が出るでしょう。

The results of the examination will be announced before long. There will perhaps be some failures.

46. 未来受動態。「"will be"＋過去分詞」
    a. すぐそれをしないと、しかられます。
       I'll be scolded if I don't do that at once.
    b. たぶん、あなたは試写会に招待されるでしょう。
       Perhaps you will be invited to the preview.
    c. 何かで支えないと、あのはしごは吹き倒されるよ。
       Unless we prop up the ladder, it will be blown down.
47. 未来進行形。「"will be"＋現在分詞」
    a. そのころになると野には花が咲いているでしょう。
       Flowers will be blooming in the fields then.
    b. あなたが帰ってくるころには私は朝の食事中です。
       I will be having breakfast when you come back.
    c. 若い医師たちが地元の避難所で地震の被害者の治療に当たっているでしょう。
       The young doctors will be treating the earthquake victims in the local shelters.

[追　補]

48. 「複数形人称代名詞＋"have"」"we (you, they) have ～"

    a. 今日は学校がありません。

    We have no school today.

    b. 物理の試験はいつありましたか。

    When did you have an examination in physics?

    c. イタリアでは地震がたびたびありますか。

    Do they often have earthquakes in Italy?

49. "always," "never," "often," "usually" は主動詞の前に置かれる。

    a. Does he always get up early?

    b. He never tells a lie.

    c. He often drinks coffee.

    d. What time do you usually retire at night?

50. 「明日は天気がいいでしょう」

    a. 単純未来

    We'll have nice weather tomorrow.

    b. きっと、必ず

    I am sure we'll have nice weather tomorrow.

    c. たいてい、十中八九は

    We'll probably have nice weather tomorrow.

    d. たぶん、ことによると

    Perhaps we'll have nice weather tomorrow.

EXERCISE

1. 空がたいそう曇っています。今夜は雨が降るでしょう。
2. 英語がよくわからないと、すべての科目で落ちますよ。
3. ジムは数学が不得手なので、今度は失敗するのではないか心配です。
4. このバスは10分遅れている。私たちは学校に遅刻するだろう。
5. 桜は1、2週間すると咲きます。毎年、そのころに咲きますから。
6. まず、このホテルで手続きして、それから、ぶらぶら近所の店を見て歩きます。
7. 始業式は4月12日に行われます。その日は授業がありません。
8. 6月初め、梅雨に入ります。そのころには雨が多いでしょう。

WORDS & EXPRESSIONS

3. （〜に）落ちる＝失敗する
4. 〜に遅れる　to be late for 〜
6. ホテルで手続きする　to check into a hotel
7. 始業式　the opening ceremony　　〜を行う　to hold 〜
8. 入る　to set in

CHAPTER 7
"Will," "Shall"（2）

〔 1 〕
意志未来（疑問文）
"Will you (please) show me the way to ～?"

「テレビ局へ行く道を教えてくださいませんか」
「はい、いいですよ。次の交差点で左に曲がって数丁歩いてください」

"Will you please direct me to the TV station?"
"Yes, certainly I will. Turn left at the next intersection, then walk a few blocks."

51. 「（～して）くださいませんか」
    a. どうかペンをちょっと貸していただけませんか。
       Will you (please) lend me a pen for a moment?
    b. 私の荷物の番をしてくださいませんか。
       Will you (please) look after my baggage?
52. "I will" は「好意的意志」を表す。
    a. 荷物は私が持ってあげましょう。
       I will carry the baggage for you.
    b. バス停までお見送りいたしましょう。
       I will see you to the bus stop.

> [2]
>
> 意思未来（疑問文）
> 勧誘
> "Will you (Won't you) have some cake?"

「今度の日曜日に箱根に遠足に出かけます。あなたも一緒に来ませんか」
「はい、喜んで」

"We are going on an excursion to Hakone next Sunday. Won't you join us?"
"Yes, I will, with pleasure."

53. 「〜してはいかがですか」「〜しませんか」
    a. もう一杯お茶をいかがですか（召し上がりませんか）
       Will you (Won't you) have another cup of tea?
    b. どこかハイキングに行きませんか。
       Will you (Why don't you) come on a hike somewhere with me?
    c. 掃除の手伝いしてくれますか。
       WIll you help (to) clean up?
54. 「依頼」に対する肯定の答え
    a. Yes, please. Yes, I'd love to. Yes, thank you, please.
    b. Yes, with pleasure.
    c. Certainly. Certainly I will.

> [3]
> 意思未来（疑問文）
> 相手または話者の意志
> "Shall I go?" "It shall be done."

「私が電話をしましょうか。それともあなたがしてくださいますか」

「よろしかったら、あなたがしてください」

"Shall I call you, or will you call me?"
"You call me, please, if you don't mind."

55. 「私が〜しましょうか」 "Shall I 〜?"

   a. ピクニックでも計画しましょうか。ええ、どうぞ。
      "Shall I plan a picnic?" "Yes, please."

   b. またお会いしましょうか。ええ、そうしましょう。
      "Shall we meet again?" "Yes, let's."

   c. こうした物はどうしましょうか。
      What shall I do with this stuff?

56. a. それをやらせます。
       It shall be done. (= I will have it done.)

    b. 来年には彼らの賃金を上げます。
       They shall (will) have higher wages next year.

[追　補]

57. "direct," "tell"

    彼女は私にバス停へ行く道を教えてくださいと頼みました。

    She asked me for directions to the bus station.

    She asked me to tell her the way to the bus station.

    She asked me to direct her to the bus station.（彼女は、バス停へ案内して欲しい、と私に頼みました。）

    "direct" には "the way" がいらない。

58. "go on an excursion (a picnic, a hike)"

    "go for a walk (a drive, a swim)"

    "go hiking (skiing, skating, fishing)"

    a. 明朝ジョギングに行こう。

    Let's go jogging tomorrow morning.

    b. 郊外へ散歩に行きましょう。

    Let's go for a walk in the country.

    c. この前の日曜日に川へ釣りに行った。

    I went fishing in the river last Sunday.

59. "call"「電話をかける、呼ぶ」　"call on"「訪問する」

    a. 彼が電話をかけてきたとき、私は外出していた。

    I was out when he called.

    b. 彼は私をオフィスに訪ねてきた。

    He called on me at my office.

EXERCISE

1. 「明日は何時に電話をさしあげましょうか」「5時前にしてください」
2. 次の月曜日、オフィスまで電話をいただけませんか。
3. 「科学博物館へ行く道を教えてくださいませんか」「いいですよ」
4. 「今晩お忙しくなければ、7時半に夕食に来ませんか」「ありがとう、喜んでおじゃまします」
5. 喉が渇きませんか。お茶を入れましょうか。
6. さあ、駅に着きました。私が切符を買うあいだ荷物を見ていてくれませんか。
7. 「海が見えるシングルの部屋を用意しましょうか」「はい、お願いします」
8. 「今晩バーベキューをやるんだ。来るかい？」「うん、今晩は暇だ。何を持っていこうか」

WORDS & EXPRESSIONS

3. 科学博物館　a science museum
4. 夕食に来る　to come and dine ; come for dinner
5. 茶を入れる　to make tea
6. さあ〜に着いた　Here we are at 〜　　〜のあいだ　while 〜
7. 〜を用意する　to reserve 〜　　シングルの部屋　a single room
   海が見える　overlooking the ocean; with an ocean view
8. バーベキュー　a barbecue　　〜を持って行く　to bring 〜

CHAPTER 8
"Must," "May," "Can"

〔1〕
"must"
第1義と第2義

彼は病気にちがいない。彼はもっと身体に注意しなければならない。

He must be ill. He must take better care of himself.

60. 第1義。「〜しなければならない」「〜すべきである」

   a. 自分のことを大事にしなければならない。

      You must take (good) care of yourself.

   b. 人は約束を守るべきである。

      One must keep one's promises.

   c. 私はそのことで彼と話さなければならない。

      I must talk to him about it.

61. 第2義。「〜にちがいない」

   a. それは何かのまちがいにちがいない。

      It must be a mistake.

   b. これが私の探していたものにちがいない。

      This must be what I've been looking for.

[2]
"may"
第1義と第2義

「もう外へ行ってもいい？」

「だめ、行かない方がいいよ。すぐにでも、また、雨が降り出するかもしれないから」

"May I go out now?"

"No, you'd better not, as it may start to rain again at any moment."

62. 第1義。「(〜) してよろしい」
    a. なんなら、この本を持ち帰りになってよろしいです。
       You may take this book home, if you like.
    b. 「お茶を一杯いただけますか」「はい、わかりました」
       "May I have a cup of tea?" "Certainly."
    c. おはようございます。何を差し上げましょうか。
       Good morning. May I help you?
    d. 入ってもいいですか。いや、だめです。
       May I come in? No, you may not.
63. 第2義。「〜かもしれない」
    a. 彼は来るかもしれないし、来ないかもしれない。
       He may come, or he may not come.
    b. あなたの言うとおりかもしれません。
       You may be right.

> [3]
> "can"
> 第1義と第2義

「彼が金持ちだなんて本当だろうか」「いや、本当であるはずがない。家賃さえもきちんと払えない」

"Can it be true that he is rich?" "No, it can't be true. He can't even pay the rent regularly."

64. 第1義。「(〜する) ことができる」
  a. よく観察すれば違いがわかる。
     You can tell the difference if you watch carefully.
  b. 昼間は星が見えないが、でもそこにあるんだよ。
     We cannot see the stars in the daytime, but they are there.
  c. 床はもはや、その重みに耐えることができなかった。
     The floor could not bear the weight any longer.
65. 第2義。「(〜である) はずがない」 (否定文において)
    「(〜である) はずがあろうか」 (疑問文において)
  a. 彼らが極めて重大な財政危機に直面していると聞いたが、どうして, そんなことがあろうか。
     I just heard that they are facing a financial crisis of the gravest kind. How can it be true?
  b. 彼は誠実な人間だ。嘘をついたなんて考えられない。
     He is a man of integrity. He cannot have told a lie.

[追　補]

66. 「身体」
    a. "health"(健康)、"healthy"(健康[的]な)、"strength"(体力)
    b. "body"(身体)
    a. 我々は自分(の身体)を大事にしなければならない。
       We must take care of ourselves.
    b. この男の子は強く丈夫な身体をしている。
       This boy is strong and healthy.
       ジョギングで身体をもっと鍛えることができます。
       You can increase your strength by jogging.

67. "had better 〜"「〜した方がよい」
    "had better not 〜"「〜しない方がよい」
    a. あなたはすぐ医者にみてもらった方がいい。
       You had better see a doctor at once.
    b. あなたは夜更かししない方がいいよ。
       You had better not stay (sit) up late at night.

68. "at any moment"「いつなん時」「今にも」
    a. いつなん時、騒動が起こらぬとも限らない。
       Trouble may break out at any moment.
    b. 客は今にも到着するでしょう。
       The guests will arrive at any moment.

EXERCISE

1. これは私の帽子ではありません。だれかほかの人のにちがいありません。
2. あなたは、このことを、さっそく、お父さんに知らせなければなりません。
3. かさを持って行く方がいいです。いつ雨が降るかもしれません。
4. 今、勘定を払わなければなりませんか、それとも明日まで待ってくれますか。
5. なんときれいで大きな花でしょう。バラにちがいない。
6. 私にはこの本は読めません。もっとやさしい本を貸してください。
7. 辞書を引いてみましたが、この句の意味はわかりませんでした。
8. 彼は正直者であるはずがない。だれも彼の言葉を信じない。

WORDS & EXPRESSIONS

1. だれかほかの人の　somebody else's
4. 勘定を払う　to pay the bill
6. やさしい　easy
7. 〜を引いてみる　to consult〜　　意味　meaning　　句　phrase
8. 正直な　honest　　人の言葉を信じる　to trust one

CHAPTER 9
"Have to ～ ," "Be able to ～"

〔 1 〕
"have to ～" = must (第1義) の代用

私は年度末試験を逃したので、追試験を受けなければならなかった。

I missed the year-end exam and had to take a make-up (test).

69. "have to ～" は "must" (第1義) と同じ意味に用いる。

   目黒で降りたあと、2マイル歩かねばなりません。

   You have to (must) walk two miles after you get off at Meguro.

   "have (has) to ～" の代りに "have (has) got to ～" がよく口語では用いられる。

   もう、おいとまじなければなりません。

   Well, I've got to go now.

70. "must" には過去形、未来形がないから、"had to ～," "will (shall) have to ～" で代用する。

   a. 彼女は車を通させるために脇へ寄らねばならなかった。
      She had to step aside to let the car pass.
   b. 私はあと2、3日寝ていなければならないでしょう。
      I will have to stay in bed for a few more days.

[2]
"do not have to ～," "do not need to," "need not"
"must not" ("may" (第1義) の否定)

時間がまだ十分にあるから、急ぐ必要はないが、途中で道草を食ってはいけない。

As there is plenty of time, you don't have to hurry. But you must not loiter on the way.

71. "don't have to ～," "do not need to ～" が "needn't～"（～するに及ばない）の意味で一般的に使われる。

    細かなことまで書く必要はありません。

    a. You needn't write the details.
    b. You don't need to write the details.
    c. You don't have to write the details.

72. "may" (第1義) の否定は May I (we) ～? の答えの場合の "may not" を除いて "must not"「禁止」で表す。

    a. あなたは許可なしに、この部屋に入ってはいけません。

       You must not enter this room without permission.
    b. もう、行ってもいい？ - だめ。

       May I go now? - No, you may not.

       携帯電話をお借りできますか。- はい、どうぞ。

       May I use your cell phone? - Yes, certainly.

[3]
"be able to 〜," "be unable to 〜"
"can," "cannot" の代用

「6年も英語を勉強すれば、不自由なく英語が読めるでしょうか」「もちろん読めますとも」

"If I study the English language for six years, will (shall) I be able to read it with ease?" "Of course, you will be able to."

73. "be able to 〜," "be unable to 〜" はそれぞれ "can," "cannot"(第1義)の代わりに用いられる。

  a. 彼女はそのときから耳が聞こえるようになった。
   From that moment on she was able to hear.
  b. 私たちは、よい席は得られなかった。
   We were not able to get good seats.
   We were unable to get good seats.

74. "can" には未来形がないから "will (shall) be able to 〜" で代用する。

  a. だれか頼りになる人が見つかるでしょう。
   You'll be able to fine someone to fall back on.
  b. 1週間ぐらいで、それをしてもらうのは無理だろう。
   You won't be able to have it done in a week.
   You will be unable to have it done in a week.

[追　補]

75. "fail to ～"「～しない」「～できない」「～し損ねる」
    a. 彼は約束の時間に現れなかった。
       He failed to turn up at the appointed time.
    b. 彼はレポートを出し損ねた。
       He failed to submit (turn in) his report.

76. "catch"「乗れる」「間に合う」　"take"「乗る」
    "miss"「乗り遅れる」(＝be too late for)
    a. Did you catch the 2:30 train?
    b. No, I missed it by a minute.
    c. Take the 17 bus to get there.

77. "with"＋抽象名詞＝副詞
    a. そんなことあなたには楽にできる。
       You can do it with ease (＝easily).
    b. 彼はやっとのことで、それに成功した。
       He succeeded in it with great difficulty.

78. to-不定詞や他の助動詞と一緒に "can" は用いられないから "be able to ～" を用いる。
    a. 彼なら研究所を設置させることができるはずだ。
       He is expected to be able to get a research institute established.
    b. 明日になれば、少しは歩くことができるかもしれない。
       He may be able to walk a little tomorrow.

CHAPTER 9

EXERCISE

1. 時間が十分にありますから、彼は2時半の急行に乗れましょう。
2. 私たちの乗る飛行機は、時間通りに出発しません。明日の7時までにシドニーには着けないでしょう。
3. もしここを5時までに出発しないと、私たちはどこか途中で、今夜、泊まらなければならないでしょう。
4. だれかあの人について来るのなら、私たちは駅へ迎えに行く必要がない。
5. 「私が、5年間、日本語を学んだら、楽に話せるでしょうか」
「もちろん話せます」
6. それを聞くと彼は驚いて跳び上がった。そのときから、彼は動けるようになった。
7. 先月は1日おきに歯医者に行かねばなりませんでした。
8. 彼は英語ができないので、世間でいわれる有名大学には入れないかもしれない。

WORDS & EXPRESSIONS

1. 急行　an express
2. 出発する(＝離陸する) to take off　　時間通りに　on time
   シドニー　Sydney
3. どこか　somewhere　　泊まる　to stop
4. ～について来る＝～とともに来る
6. 驚いて跳び上がる　to start up with fright
   動く　to get about (around)
7. 歯医者　a dentist

CHAPTER 10
"The"

---
〔1〕
「"the"＋単数形普通名詞」
"The pine tree is an evergreen."

文は武よりも強し（ことわざ）。

The pen is mightier than the sword.

79. 「"the"＋単数形普通名詞」（～というもの）は、その名詞が表す種類の代表となる。

 a. フクロウは夜になると目が働く。

 The owl can see at night.

 b. バラ（というもの）は花の女王と呼ばれる。

 The rose is called the queen of flowers.

 しかし"man"（人間・男子・夫）、"woman"（女子）は"the"をつけないで総体を表すことがある。

 男子は女子よりも力が強いが、必ずしも賢くない。

 Man is stronger than woman, but not necessarily wiser.

 インターネットは人々が情報交換するための通信手段網である。

 The Internet is a network of computer connections that allows people to exchange information.

CHAPTER 10　　　　　　　　　　　　　　　　　　　　47

> 〔2〕
> 「"the"＋複数形固有名詞」
> the Robinsons
> ロビンソン家（の人々）

国連は1945年に組織化された。

The United Nations was organized in 1945.

80. 「"the"＋複数形固有名詞」はその総体を表す。

　a. フィリピン群島は日本の南にある。

　　The Philippines (=The Philippine Islands) lie to the south of Japan.

　b. ロッキー山脈は、メキシコから合衆国・カナダを経て北極洋まで延びている。

　　The Rockies (=The Rocky Mountains) stretch from Mexico through the U.S. and Canada to the Arctic Ocean.

　c. 藤原家は台湾に引っ越すつもりである。

　　The Fujiwaras are planning to move to Taiwan.

「"the"＋通常複数扱いの名詞」

　聖職者の人たちが夕刻の礼拝を執り行なう。

　Members of the clergy will perform evening services.

> [3]
> 所有格代名詞代用の "the"
> "She was leading her child by the hand."

オオカミがジャックの足をかもうとしていたそのとき、彼の友は、ありったけの力を出してその頭を殴りつけた。

The wolf was going to bite Jack in the leg, when his friend hit it on the head with all his might.

81. この用法の "the" は、主として身体・衣類の部分について用いられる。
   a. 彼女は子供の手をひいていた。
      She was leading her child by the hand.
   b. 彼は私の顔をじっと見た。
      He looked me in the face.
   c. 彼は私のそでを引っ張った。
      He pulled me by the sleeve.
82. これに似た言い方で、"the" が時間・長さ・量の「単位」を表すことがある。
   a. 砂糖や茶はグラムで売るが、布地はメートルで売る。
      Sugar and tea are sold by the gram, and cloth by the meter.
   b. 時間ぎめ（日ぎめで）自動車を2台やとった（運転手つきで借りた）。
      We hired two cars by the hour (by the day).

[追 補]

83. "the same ～ as (that) …" 「…と同じ～」 a. 同種　b. 同一
    a. 私はあなたと同じ時計を持っています。
       I have the same watch as you.
    b. 昨日と同じ場所に集合することにしましょう。
       Let's meet at the same place that (as) we did yesterday (=as yesterday).

84. 単数形固有名詞で "the" をとる主なもの
    the Tosa Maru (船の名前); the Hayabusa (新幹線の特急名)
    the Sumida, the Atlantic
    the Asahi, the Japan Times, the American Quarterly (雑誌名)
    普通名詞化した固有名詞に用いた "the"
    He is often called the Steve Jobs of Japan.
    He is the Steve Jobs of our time. (現代の)

85. "be going to ～" 「まさに～しようとしている」
    a. 列車はまさに発車するところであった。
       The train was going to pull out.
    b. 彼女は箱を開けようとしていると、中で小さな声がささやくのを聞いた。
       She was going to open the box, when she heard the murmur of small voices within.

EXERCISE

1. 人間は万物の霊長と呼ばれている。しかし、犬やネコに劣る人も相当いる。
2. 電車に乗ろうとしていると、だれか私の肩を軽くたたいた。それは友人の山田であった。
3. 彼は私の手を捕まえて、どうしても放さなかった。
4. アマゾン川はアンデス山脈に源を発し、世界最大の雨林を通って流れ、大西洋に注ぐ世界第二の長流でナイルに次ぐ。
5. わが国では、労働者はたいがい月給で雇われています。週給ではありません。
6. トラは猛獣で、ネコと同じ種族に属している。
7. 彼は大劇作家だった。ときおり日本のシェイクスピアと呼ばれている。
8. フィリピン群島は日本の南にある。もとはアメリカ合衆国に属していた。

WORDS & EXPRESSIONS

1. ～に劣る　to be inferior to ～
   人もいる　"some" を用いる
2. ～に乗る　to get into ～　　軽くたたく　to tap
3. どうしても～せぬ　would not ～　　人を放す　to let one go
4. アマゾン川　the Amazon　　アンデス山脈　the Andes
5. 労働者　a laborer　　～を雇う　to employ～
6. 猛獣　a fierce animal; a beast of prey
7. 劇作家　a playwright　　シェイクスピア　Shakespeare
8. もとは～であった　used to ～

CHAPTER 11
Voice

> [1]
> 二重（間接・直接）目的語とその受動態

彼は私にお金を払ってくれませんでした。

He did not pay me the money.

私はお金を払ってもらえませんでした。

a. I was not paid the money by him.
b. The money was not paid (to) me by him.

86. a. Tom gave me a book.
    I was given a book by Tom.
    A book was given (to) me by Tom.
  b. Mother told us a long story.
    We were told a long story by Mother.
    A long story was told (to) us by Mother.
  c. The old man offered me a job.
    I was offered a job by the old man.
    A job was offered (to) me by the old man.
  d. Mr. Sato teaches us chemistry.
    We are taught chemistry by Mr. Sato.
    Chemistry is taught (to) us by Mr. Sato.

[2]
動詞句とその受動態 (1)
"rely on 〜," "be relied on"

彼の約束は少しも当てにならない。

We cannot rely on his promises at all.

His promises cannot be relied on at all.

人は彼のことをよく言いません。

They do not speak well of him.

He is not well spoken of (spoken well of).

87. 「自動詞＋前置詞＋目的語」

    "laugh + at + a person"

    この形の動詞句では、前置詞の目的語を受動文の主語にするが、前置詞は動詞の次にそのまま残る。

    a. Your friend will laugh at you.
       You will be laughed at by your friends.
       あなたは友だちに笑われます。

    b. A truck ran over our dog.
       Our dog was run over by a truck.
       うちの犬はトラックにひかれました。

    c. Susie will take care of your baby next weekend.
       Your baby will be taken care of by Susie next weekend.
       来週末はスージーが赤ちゃんの面倒をみますよ。

[3]
動詞句とその受動態 (2)
"take a person for ~," "be taken for ~"

警官は、その少年をすりだと思った。

The policeman took the boy for a pickpocket.

その少年は、すりだと思われた。

The boy was taken for a pickpocket by the policeman.

88. 「他動詞＋目的語＋前置詞＋目的語」
　　"rob + a person + of + his wallet"
　　「人から財布を盗む」
　　　この組立では他動詞の目的語が受動文の主語になり、「前置詞＋目的語」はそのまま残る。
　a. They robbed him of his wallet.
　　 He was robbed of his wallet by them.
　　 彼は財布を盗られた。
　b. They deprived him of his basic human rights.
　　 He was deprived of his basic human rights.
　　 彼は基本的人権を奪われた。
　c. A four-footed animal stripped the tree of its bark.
　　 The tree was stipped of its bark by a four-footed animal.
　　 四つ足動物がその木の皮を食べてしまった。

［追 補］

89. 二重目的語をとる主な動詞
    ask 尋ねる　　lend 貸す　　send 送る
    give 与える　　leave 残す　　sell 売る
    write 書く　　offer 申し出る　　hand 手渡す
    buy 買う　　tell 告げる　　show 見せる
    bring 持ってくる　　pay 払う　　teach 教える
90. 「自動詞＋前置詞＋目的語」の主なもの
    look into 調査する　　speak to 話しかける
    hear of 消息をきく　　talk about 話す
    look after 気をつける　　look for 探す
    listen to 耳を傾ける　　call for 要求する
91. 不定用法の "we," "they" は受動文では消える。
    a. What language do they speak in Brazil?
       What language is spoken in Brazil?
    b. We cannot see the stars in the daytime.
       The stars cannot be seen in the daytime.
92. 「他動詞＋目的語＋前置詞＋目的語」の主なもの
    thank ～ for …　　～に…の礼を言う
    deprive ～ of …　　～から…を奪う
    remind ～ of …　　～に…を思い出させる
    praise ～ for …　　…で～をほめる
    blame ～ for …　　…で～を責める
    supply ～ with …　　～に…を供給する
    congratulate ～ on …　　…の喜びを～に告げる
    inform ～ of …　　～に…を知らせる

EXERCISE

1. かわいそうに、その犬はトラックにひかれて即死した。
2. そんなばかげた質問を先生にすると、ほかの生徒に笑われるよ。
3. 彼は、夕べ、公園を散歩中ににわか雨にあって、ずぶぬれになった。
4. 彼は月給で雇われたが、初め3か月間は給料を支払ってもらえなかった。
5. その外国人は電車の中で時計と財布を盗まれた。
6. 彼は親切でまじめですから、同級生の間でたいへん評判がよい。
7. この本を叔父からもらったが、私には少し難しすぎる。
8. この家はアメリカのレッドウッドでできている。

WORDS & EXPRESSIONS

1. 「かわいそうに」は「かわいそうな」とする。
   即死する   to be killed on the spot
2. ばかげた   stupid
3. 〜中に＝〜している間に
   ずぶぬれになる   to get wet to the skin; to be soaked
4. 給料   salary
6. まじめ   earnest
8. 〜でできている   to be made of 〜
   レッドウッド   redwood

CHAPTER 12
Infinitive (1)

> [1]
>
> 主語としての「to-不定詞」
> "To tell a lie is wrong."
> "It is wrong to tell a lie."

来年は奨学金を申し込んだほうがいいのではないでしょうか。

It would be better for you to apply for a scholarship next year.

93. 主語としての「to-不定詞」を"it"で代表するときは、「to-不定詞」は文の後方へ回る。

   a. 弱い人や年寄りを助けることは我々の義務である。
      To help the weak and the old is our duty.
      It is our duty to help the weak and the old.
   b. 老後に備えることは大切だ、と父は言う。
      To prepare for old age is important, Father says.
      It is important to prepare for old age, Father says.
   c. 研究に専念することはもっと大切だ。
      To concentrate on research is more important.
      It is more important to concentrate on research.

〔2〕
「for you+to〜」
「あなたが〜すること」

あなたがこの本を今使える時間で読み上げることは無理でしょう。

It will be impossible for you to read this book through in the time you have.

94.　「for you+to〜」の you は、それに続く「to〜」(〜すること)に対する主語であるが、これを「to-不定詞」の「意味上の主語」という。

a. 子どもが道路で遊ぶことは危険である。

It is dangerous for children to play in the streets.

b. 父が実業界の大立て者なので、彼には求職の必要がない。

It is not necessary for him to apply for a job, since his father is a business magnate.

c. あなたが黒白はっきりと考え過ぎるのは大きな間違いではないか。

It would be a serious mistake for you to think so much on black-and-white terms.

意味上の主語は「〜にとって」となることもある。

It is hard for me to tell this from that.

これとあれとの区別を知ることは、私には難しい。

> [3]
> 「it takes … to～」
> 「～するのに…時間かかる」
> 「～するのに…人かかる」

「そのお金を手に入れるのに、どれくらいかかりましたか」と、その弁護士は言った。「19年です」と、その男は答えた。

"How long did it take you to earn the money?" said the lawyer. "Nineteen years," answered the man.

95. take は時間数・人数などを「必要とする」を意味する。
    a. この石を持ち上げるのに4人かかります。
       It takes four men to lift this stone.
    b. そこへ地下鉄で行くのに10分かかります。
       It takes ten minutes to get there by subway.
    c. （彼らが）その2つの元素を結合させるのに3年かかった。
       It took (them) three years to combine the two elements.
       element(元素)、atom(原子)、molecule(分子)、compound(化合物)、mixture(混合物)、substance(物質)
    d. （あなたが）ここを見物するのに2日かかるでしょう。
       It will take (you) two days to see the sights here.
    e. その会社が我々と契約を結ぶのに5日かかった。
       It took five days for the company to make a contract with us.

CHAPTER 12

[追 補]

96. "to" の反復（比較文において）

   a. 働くことより遊ぶことの方が確かにおもしろい。

   No doubt it is more amusing to play than to work.

   b. 英語を書くことは、英語を読むことほどやさしくない。

   It is not as (so) easy to write English as to read it.

97. 「～かそこら」「～そこそこ」"～ or so"

   a. 東京には5日かそこらいました。

   I stayed in Tokyo for five days or so.

   b. 今いるところから10マイルそこそこです。

   It is only ten miles or so from where you are.

98. 「かかる」"take"（時間・人数など）、"cost"（金・費用など）

   a. 何時間（分、日）かかりますか。

   How long does it take?

   b. カメラを修繕させたら5千円かかりました。

   It cost (me) 5,000 yen to get the camera repaired.

   c. 津波の被害は、その町に5千億円の損害を与えた。

   The tsunami damage cost the town five hundred billion yen.

   小さな動物で新薬を実験するにはちょっとした勇気が必要であった。

   It took some courage to test the new drug on small animals.

EXERCISE

1. 食後ただちに激しい運動をするのは身体に悪い。
2. 川で泳ぐよりも海で泳ぐ方が楽である。なぜなら海水は淡水より重いから。
3. こんでいる電車やバスの中で、老人や弱い人に席を譲るのはよい習慣である。
4. 外国語を1年やそこらでマスターすることは、だれにとっても不可能なことです。
5. 「この手紙がパリに着くのに何日かかりますか」「少なくとも4日はかかります」
6. あなたの家から上野まで地下鉄で行けばどのくらい時間がかかりますか。徒歩では30分以上かかりますか。
7. この石は200キログラム以上目方があって、持ち上げるのに4人は必要です。
8. 外国にいるとき現金を多少持ち歩くことは大事なことですが、それも、当然、現地の通貨でなければなりません。

WORDS & EXPRESSIONS

1. 食後ただちに soon after a meal　激しい hard
   運動をする to take exercise
2. 海(塩)水 salt water　淡水 fresh water
3. こんでいる crowded
   〜に席を譲る to give(up) one's seat to 〜　習慣 a custom
5. 少なくとも at least
6. 地下鉄 subway
7. 〜以上 more than 〜　〜の目方がある to weigh 〜
8. 多少 some　通貨 currency

CHAPTER 13
Infinitive (2)

---
[1]
動詞の目的語としての「to-不定詞」
The child learned to read and (to) write.

「夏はどこで過ごすつもりですか」「ほとんど海岸で過ごすつもりです」

"Where do you plan to spend the summer?" "I'm planning to spend most of the time at the seaside."

99.　目的語としての「to-不定詞」は、learn to drive（運転できるようになる）のように必ずしも「(〜すること)を」に当てはまらないこともある。

 a.　He forgot to mail (post) the letter.
  彼は手紙を送る（ポストに入れる）ことを忘れた。

 b.　Mother taught me to review lessons every night.
  母は私に毎晩復習することを教えてくれた。

 c.　She decided to find a job in Hong Kong.
  彼女は香港で仕事を見つけることに決めた。

 d.　He promised to get it ready by five o'clock.
  彼は5時までに、それを用意しておくと約束した。

> [2]
> 形容詞としての「to-不定詞」
> He has no time to talk business with you.

人の記憶力を改善する医薬品の登場は、今や、ほぼ実現の可能性があるといえる。

A medication to improve human memory is now almost within the realm of possibility.

100. 形容詞としての「to-不定詞」は、修飾される名詞の後に置かれる。

貸家　a house to let (for rent)

食べ物　something to eat

貸間　a room to let

飲み水　water to drink

寝る時刻　time to go to bed

余分の金　money to spare

a. 今日はすることがたくさんあります。

I have lots of things to do today.

b. 京都には見物するところがたくさんあります。

There are many sights to see in Kyoto.

c. 何か冷たい飲み物をください。

Give me something cold to drink.

〔3〕
副詞としての「to-不定詞」
「～するために」「～しに」―「目的」を表す。

上司は、明らかに、私をやめさせる目的で超勤の仕事を多く与えます。

My boss gives me a lot of overtime work, apparently, to make me quit my job.

101. 「目的」を表す「to-不定詞」は動詞を修飾する。動詞を修飾するから副詞である。

　a. 彼は、彼女が自分にどういう態度をとるか、をれを見るために立ち止まった。

　He stopped to see how she would behave towards him.

　b. 我々は生きるために食うので、食うために生きるのではない。

　We eat to live, not live to eat.

102. 「目的」を表す「to-不定詞」に "in order" をつけると、それだけ意味が強くなる。

　彼は、家族を養うために精出して働く。

　He works hard in order to support his family.
　In order to support his family he works hard.

［追　補］

103. 「(〜する) つもりである」

　　　私は富士登山をするつもりです。

　a. I plan to climb Mt. Fuji.
　b. I intend to climb Mt. Fuji.
　c. I mean to climb Mt. Fuji.

104. 「知らせる」

　　　着いたらすぐ知らせてください。

　a. Please tell me as soon as you arrive.
　b. Please let me know as soon as you arrive.

105. "〜thing"を修飾する形容詞は、その後に置く。

　a. 彼女は、変わったことを言わなかった。
　　　She didn't say anything strange.
　b. 今日の新聞には、おもしろいことは何もない。
　　　There is nothing exciting in today's paper.
　c. 暗やみに何か白いものが見えた。
　　　I saw something white in the dark.

106. 「〜へ寄る」

　　　私は帰り道に彼のところへ寄った。

　a. On the way home I went to see him.
　b. On the way home I called on him.
　c. On the way home I stopped by (in) to see him.
　d. On the way home I dropped in to see him.

EXERCISE

1. その老人は、仕事も話をする家族もなく、行くところもなかった。
2. ここには見物するところが多くあります。それを全部見るつもりなら、少なくとも1週間は滞在しなくてはならないでしょう。
3. 「学校の帰りに書店に寄るひまがありますか」「いえ、急いで帰らなければなりません」
4. いま出された提案を討論するのに、クラスを2つに分けます。
5. 「それを買うつもりですか」「いえ、買うつもりはありません。買うだけの余裕がありません」
6. もう10時近くになります。寝る時間です。夜更かしすると早く起きられませんよ。
7. 家に帰ったら、忘れずに彼に礼状を出しなさい。
8. 食事の前に手を洗いたいと思いますが、石けんとタオルを貸してくださいませんか。

WORDS & EXPRESSIONS

3. ひま time　急いで帰る to hurry home
4. 提案 proposal　〜を討論する to debate 〜
　　〜を分ける(分かれる) to divide (〜)
5. 〜する余裕がある to afford to〜
6. もう nearly　夜更かしする to stay (sit) up
7. 礼状 a letter of thanks; a thank-you letter　〜に出す＝〜に書く
8. 石けん (a bar of) soap　タオル towel

CHAPTER 14
Infinitive (3)

---
〔1〕

副詞としての「to-不定詞」(1)
「形容詞＋to-不定詞」
「～するのに」「～するには」

その少年は川に飛び込んだが、溺れる子どものところへ行くのには流れがあまりに急であった。

The boy jumped into the river, but the current was too swift for him to reach the drowning child.

107.　「to-不定詞」は（動詞＋）形容詞を修飾し、「～するのに」ということを表す。

a.　この井戸の水は汚染されていて、飲むのに適さない。
　　The water of this well is contaminated and not good to drink.

b.　ていねいなマナーは、第一印象をよくするために大切だ。
　　Polite manners are important to give a good impression.

c.　店は年末一掃セールをする用意ができていた。
　　The stores were ready to have a year-end clearance sale.

〔2〕
副詞としての「to-不定詞」(2)
「形容詞＋to-不定詞」「〜して喜ぶ」、etc.

このごろの暑さにもかかわらず、皆様ご壮健のこと、お手紙で知り喜んでおります。

I am glad to learn from your letter that in spite of the recent heat wave you are all in good health.

108. この場合の形容詞は主として「喜び」「悲しみ」「驚き」「失望」のような感情を表すものが多く、次に続く「to-不定詞」はそれの「原因」となる。

   a. 皆さんが西洋食よりも日本食がお好きと聞いて驚いた。

   I was surprised to hear that you all prefer Japanese food to Western food.

   b. 汚染が、そんなに多くの農民の日常生活に影響を与えているのを知って、がっかりしている。

   We are disappointed to learn that the pollution affects the daily lives of so many farmers there.

   c. 私は喜んでお供します。

   I'll be glad (happy) to accompany you.

[3]

副詞としての「to-不定詞」(3)
「～とは」「否定詞 (not, never) + to-不定詞」

彼女にそんな乱暴な言葉を使うとは、なんと軽卒なのだ。他人の感情を害さないように注意しなくてはいけないよ。

How thoughtless you are to use such harsh language to her! You must be careful not to hurt others' feelings.

109. 副詞用の「to-不定詞」は、また「判断」を表す。
  a. 彼があなたのためにしてきたことを忘れるとは、なんと愚かなことか。
    How stupid you are to forget what he's been doing for you!
  b. 自分の弁当を貧しい友だちと分けて食べるとは、なんといとしい女の子でしょう。
    What a sweet girl she is to share her own lunch with her poor friends!
110. 「to-不定詞」の前に "not," "never" をつけて、その否定を作る。
  a. 彼は必ず電話をすると約束した。
    He promised not to neglect to call.
  b. 彼は2度と彼女に会わないと決心した。
    He made up his mind never to see her again.

[追　補]

111. 「too ～ for one to-不定詞」「人がするにはあまりに～すぎる」

    This computer is too difficult for him to operate.
    このコンピューターは難しすぎて、彼には使えない。
    The works of art there were too expensive for her to buy.
    そこの芸術作品はあまりにも高価で、彼女には買えなかった。

112. "family"　a. 集合名詞。　b. 衆多名詞

    My family is small.　私のうちは少人数です。
    My family are all well.　家族一同元気です。

113. 「～にもかかわらず」"in spite of," "though"

    彼は病気にもかかわらず元気です。
    He is cheerful in spite of his illness.
    Though he is ill, he is cheerful.

    "in spite of" は前置詞句で、名詞（または名詞相当語句）が続き、"though" は接続詞で、「節」が続く。

114. "others"「ほかの人々」、"the others"「そのほかの人々」

    a. You should think of others, not of yourself alone.
       自分一人のことだけでなく、ほかの人のことも考えなさい。
    b. The students went to Kamakura; some went on foot, and the others by bicycle.
       生徒は鎌倉へ行った。ある者は徒歩で、その他の者は自転車で。

EXERCISE

1. このボール箱はあまりにも小さくて、これだけの玩具全部は入らない。
2. 「この井戸の水は飲めますか」「いえ、飲めません。濁っています」
3. こんな大事なことを忘れるとは、あなたは不注意な人だ。
4. 習慣も長くなると断つことが難しくなる。我々は悪い習慣を身につけないように注意しなければならない。
5. 彼はうそをつくにはあまりにも正直であるし、人を陥れるにはあまりにも人がよすぎる。
6. お元気ですか。再びご一緒できてうれしいです。
7. この最初の1年間は忙しくて、ホームシックにはなりませんでした。
8. 祖父母たちは私の姿を見て、どんなに喜ぶことでしょう。2人に聞かせたい話がたくさんあります。

WORDS & EXPRESSIONS

1. ボール箱 a cardboard box   ～が入る(＝入れる) to hold ～
2. 濁っている to be muddy
3. こんな such a (an) ～
4. 習慣をつける(断つ) to form (break) a habit
5. ～を陥れる to betray ～   人がいい good-natured
7. ホームシック homesick
8. どんなに喜ぶ how pleased

CHAPTER 15
Infinitive (1)

> [1]
> 補語としての「to-不定詞」
> 主格補語　目的補語

彼は非常に疲れているようだったので、仕事を省くのを許してあげた。

As he seemed to be very tired, I allowed him to skip work.

115. 主格補語「自動詞＋to-不定詞」

　a. 彼はそのことについては何もかも知っているらしい。

　　He seems to know all about it.

　b. ある日、偶然、彼女の家のところを通った。

　　One day I happened to pass her house.

116. 目的補語「他動詞＋目的語＋to-不定詞」

　a. あなたが私の代わりに行ってほしい。

　　I want you to go there on my behalf (for me).

　b. 母は、私が夜、1人で外出するのを許してくれませんでした。

　　My mother did not allow me to go out alone at night.

> [2]
> a. "tell" b. "advise" c. "ask" d. "order"
> これらの動詞に続く目的補語としての「to-不定詞」

バスは不便なので、どこかに行くのには車を買ったほうがいい、と近所の人たちが言う。

My neighbors tell me to buy a car to get around because the bus service is not good enough.

117. a.「～しなさいと言う」　b.「～しなさいと勧める」
　　c.「～してくださいと言う」　d.「～せよと命ずる」

a. 彼は、休暇中どこか旅行に出かけたら、と私に言った。

　　He told me to do some traveling during the vacation.

b. 彼は、一日休んで医者に見てもらいなさい、と私に言いました。

　　He advised me to take a day off and see a doctor.

c. ジムは、私に数学を教えて欲しい、と言った。

　　Jim asked me to help him in math.

d. 彼は社(職)員に詳細を仕上げるよう命じた。

　　He ordered his staff to draw up the details.

　　将軍は敵に向かって進撃するよう軍に命じた。

　　The general commanded the troops to advance against the enemy.

CHAPTER 15

---
〔3〕
「原形不定詞」を目的補語とする主な動詞
a. "see"　b. "hear"　c. "feel"　d. "make"

彼が一週間以上、学校を休んだので、私はすごく不安になった。

He was absent from school for more than a week, which made me feel very uneasy.

118.　「原形不定詞」、上にあげた動詞（知覚動詞・使役動詞）の目的補語になる不定詞には "to" がつかない。

a. だれか人が家から出てくるのを見ました。

I saw somebody come out of the house.

b. 庭で鳥がよく鳴くのを聞きました。

I often heard a bird sing in the garden.

c. 建物全体が激しく揺れるのを感じました。

I felt the whole building shake violently.

d. 彼にそれを数回繰り返させました。

I made him repeat it several times.

いったい何が彼を笑わせたのか。

What in the world made him laugh?

どうして私の提案に反対する気になったのか。

What's ever made you decide to object to my proposal?

[追 補]

119. 「want＋to-不定詞」と「want＋人＋to-不定詞」
    a. 自分でそれをしたい。
       I want to do it myself.
    b. あなたにそれを自分でしてもらいたい。
       I want you to do it yourself.
    "wish," "like" にも、こうした2つの用法がある。
120. 主動詞 "tell," "advise," "ask," "order" を受動態に変える。ただし、口語体でこの形が使われることは少ない。
    a. I was told by him to be myself.
       自分たれと言われた。
    b. I was advised by him not to throw anything away.
       なにも捨てないように忠告された。
    c. I was asked by him to bring the whole subject out into the open.
       問題をすべてオープンにするように彼に頼まれた。
    d. I was ordered by him to send the details.
       詳細を送付するように命じられた。
121. 「休む」
    a. take (have) (a) rest　一休みする
    b. have (take) a day off　1日休暇をとる
    c. be absent from school (class)　学校(授業)を休む
    d. cut (skip) school (a class)　学校(授業)を休む(さぼる)

EXERCISE

1. 彼は、その事件については何も知らないらしいから、聞いても無駄だと思います。
2. 私はあなたに、5日間、車を借りてほしいのです。
3. 医者は私の父に、もっと魚、野菜、果物それにビタミンDの多い食べ物をとるように言いました。
4. 私は彼が英語で演説するのを一度聞きました。彼は流暢な英語を話します。
5. その老婆は、角の八百屋でリンゴをいくつか買ってこい、と小さな女の子に言いつけました。
6. 30分ばかりすると、表のドアが開くのが聞こえ、2人の紳士が入ってきた。
7. あなたにデータ処理のためにサンプルを集めてもらいたいが、いつまでにできますか。
8. 今日は波が高いから、彼らにサーフィンに行くな、と言いなさい。

WORDS & EXPRESSIONS

1. 聞く　to ask
   無駄である　to be useless; to be of no use 「it is ～ to …」の組立にする
2. (車)を借りる　to rent a car
3. ～の多い　rich in ～
4. 演説する　to make (give) a speech　　流暢な　fluent
5. 八百屋で　at a greengrocer's
6. すると　later (＝の後)　　表のドア　the front door
7. サンプル　a sample　　データ処理　data processing
8. サーフィンに行く　to go surfing

CHAPTER 16
"That"- Clause

― 〔1〕 ―

that - clauseが動詞の次に続く場合

この西行きバスに乗れば明日の午前9時までにそこに着くのは確実と思う。

I can assure you that this westbound bus will get us there by 9:00 a.m. tomorrow.

122. 接続詞 "that" で始まる節は、動詞の目的節になる。この用法の that-clause は名詞節である。

a. 多くの科学者が、いくつかの気候の変動は大気の汚染が原因であると信じている。

Many scientists believe that some climatic changes are caused by air pollution.

b. タバコにはニコチンが含まれていて有毒であることをすべての人が知るべきである。

Everybody should know that tobacco contains nicotine, which is poisonous.

c. オレゴン街道は1830年代になって移住者たちに知られるようになった、ということを生徒たちは学んだ。

Students learned that the Oregon Trail became known to settlers in the 1830s.

> [2]
> that-clauseが形容詞・形容詞相当語句に続く場合
> I am sure that the boy knows how to please his parents.
> その子が、親を喜ばせる方法を知っているのは確かだ。

大気中の炭酸ガスの割合が増えれば温度がさらに上昇することは十分考えられる。

I am fully convinced that if the proportion of carbon dioxide in the atmosphere increases, the temperature will rise further.

123. that-clause はまた "sure," "glad," "sorry," "afraid," "pleased," "delighted," "persuaded," "convinced" のような形容詞や過去分詞を使った形容詞相当語の次にも用いられる。

a. 簿記の学科がとれなくて残念です。

　　I am sorry (that) I can't do the bookkeeping course.

b. どうもあなたの判断が正しく私の方が間違っていると思う。

　　I am afraid (that) your judgement is right and mine wrong.

c. あなたが参加するというので彼は喜んでいます。

　　He is delighted that you are joining us.

d. 日本の山の絵が気に入っていただいて、なによりです。

　　I am very glad that you like my paintings of Japanese mountains.

> [3]
> thatの省略
> I am sure (that) what he says is true.

今日の旅行はやめなければならないだろう。天気予報では、午後雨となっているから。

I am afraid (that) we will (shall) have to cancel our trip today: the weather forecast says (that) it will rain in the afternoon.

124. thatは省略されることがしばしばある。
   a. 彼が仕事を辞めるとは思わない。
      I don't think (that) he is giving up his job.
   b. われわれの財政援助がまだ必要とは残念です。
      I am sorry (that) you still need some financial aid from us.
125. I hope(望ましいこと) I am afraid, I fear(望ましくないこと)
   a. 彼は間もなく元気になるだろうと思う。
      I hope (that) he will get well before long.
   b. 彼はそんなに早く回復しないと思う。
      I am afraid (that) he won't get well so soon.

[追 補]

126. 「〜なそうです」「〜ということです」
    a. 世間の話 "they say," "it is said"
    b. 伝え聞き "I hear," "I am told"
       彼は、来春、転校するそうです。
    a. They say (It is said) that he will transfer to another school next spring.
    b. I hear (I am told) that he will transfer to another school next spring.
127. 「〜のために」
    a. "on account of," "because of," "due to"（原因・理由）
    b. "for the sake of"（利益・目的）、a. b. はともに前置詞句
    a. 彼は病気のためにピクニックに行かなかった。
       He did not go on a picnic on account of (his) illness.
    b. 金のために罪を犯す人がいる。
       Some people commit a crime for the sake of money.
128. "find"「(〜してみると)〜であることがわかる」
    a. （寝てみたら）寝床は気持ちがよかった。
       I found the bed comfortable.
    b. （行ってみたら）彼は犬とひなたぼっこをしていた。
       I found him basking in the sun with his dog.
129. "say" 人間以外のものを主語として
       新聞によれば、近い将来、臓器移植によって多くの人が救われる。
       The paper says that organ transplants will save thousands of people in the near future.

EXERCISE

1. 地滑りのため、列車は3日間不通になったということです。
2. 夕刊の天気予報には、明日は、朝晴れのち曇り、とある。
3. この本は最初は難しいと思うでしょうが、1週間ぐらいすると慣れるだろうと思います。
4. この靴下は手触りが悪いからウールではないと思う。
5. 計画を立てるのはやさしいが、それを実行するのは難しいということを、だれでも知っている。
6. 来週火曜日にハイキングに行くつもりです。それまで、このいい天気が続けば、と思います。
7. もう2時半です。急がないと急行列車に間に合わないのではないか、と思いますよ。
8. 彼のメールでは、カリフォルニアからフロリダへの旅を計画しているとあります。

WORDS & EXPRESSIONS

1. 地滑り　landslide
4. 靴下　socks　　手触りが悪い　to feel rough
5. 計画　a plan　　～を立てる　to make ～
   ～を実行する　to carry ～ out; to put ～ into practice
6. ハイキングに行く　to go on a hike　　続く　to last
7. 急行　an express (train)
8. 旅を計画する　to plan a trip　　カリフォルニア　California
   フロリダ　Florida

CHAPTER 17
Present Perfect Tense

> [1]
> 過去から現在までの経験
> 「今までに〜したことがある」

「あなたはメルビルの『白鯨』を読んだことがありますか」「いいえ、まだです。その本について何か書いたものを読んだことはありますが」

"Have you ever read Melville's *Moby-Dick*?" "No, not yet, though I read something about the book."

130.　経験を表す現在完了には、"ever," "never," "once," "often," "〜 times" のような副詞(句)が多く用いられる。
　　Haven't I often told you not to leave the door open?
　　I've visited the shrine several times.
　　I've seen him once in this neighborhood.
　　He's never told me about himself.
　　この意味を過去で表すこともある。
　　Did I not often tell you not to leave the door open?
　　I visited the shrine several times.
　　I saw him once in this neighborhood.
　　He never told me about himself.

> [2]
> 動作の完了
> 「もう〜した」「まだ〜しない」

「お兄さんはもう国際免許証を手に入れましたか」
「いえ、まだです。もう荷づくりは済んだのですが」

"Has your brother got an international driver's license?" "No, not yet, though he has already packed his things."

131. 現在完了は過去における動作が現在にいたって完了したことを表す。

   a. 新聞はあきましたか。

      Have you finished with the paper?

   b. 彼は風邪が治りました。

      He has recovered from his cold.

132. 動作の完了に重きを置くときには、"yet," "already," "as yet"「もう」「すでに」「今のところ」をそえる。

   a. Have you finished your breakfast yet?

   b. I have already finished my breakfast.

   c. 今のところ、彼らは自分たちの宅地を評価してもらっていない。

      As yet, they haven't had their estate assessed.

> ［3］
> 過去における動作の結果
> He has lost it. = He lost it and doesn't have it now.

　もと岐阜県知事太田氏は、先頃の選挙で参議院議員に選出されました。

Mr. Ota, ex-Governor of Gifu Prefecture, has been elected a member of the House of Councilors in the recent election.

133.　現在完了は「過去の動作・できごと」と「その結果としての現在の状態」とを同時に表す。

　a. I have reached the border. = I reached the border and I am there.

　b. He has entered Keio University. = He entered Keio University; he is now a Keio University student.

　c. I have broken my glasses. = I broke my glasses and they are in a broken condition; they are useless.

　d. She has become a movie actress. = She became a movie actress and is a movie actress now.

　e. You have told me the truth. = You told me the truth and I know the truth.

［追　補］

134. 「行ったことがある」は "have (has) been" で "go" の過去を表す。
    a. 彼は外国へ―アメリカへ―行ったことがありますか。
        Has he ever been abroad — to America?
        Did he ever go abroad — to America?
135. "yet" は「疑問」または「否定」に用いられる。
    「あの人はもう寝ましたか」「いえ、まだです」
    "Has he gone to bed yet?" "No, not yet."
    列車はまだ着きません。
    The train has not arrived yet.
    "already" は疑問に用いると「意外」の意味を表す。
    Has he gone to bed already?
    あの人はもう寝たのですか（まだかと思っていたのに）。
136. 現在完了受動態。「have (has) been＋過去分詞」
    a. こうした門は開けられたことがありますか。
        Have these gates ever been opened?
    b. 動物園は今日はもう閉まりました。
        The zoo has been closed for today.
    c. 被災地についての情報がない。
        Nothing has been heard about the disaster area.
    d. 数人の外国人がその麻薬の取引きに関係している。
        Several foreigners have been involved in the drug traffic.

EXERCISE

1. 彼が他人の悪口を言うのを、だれも聞いたことがない。
2. その雑誌があいたら、見せてくれませんか。
3. だいぶ寒くなった。1、2週間すれば、雪が降るだろう。
4. 「あの人からメールの返事が来ましたか」「いえ、まだです。ヨーロッパへ商用で出かけたそうです」
5. 彼は日本有数の声楽家です。私は彼が歌うのをたびたび聞きました。
6. 市立図書館は目下改築中で、今年はまだ一度も公開されません。
7. 「あなたはカナダへ行ったことがありますか」「いえ、まだです。アメリカへは去年ホームステイ・プログラムで行きました」
8. 子どもたちは寝ましたか。小さい子は夜更かしをすべきではありません。

WORDS & EXPRESSIONS

1. 悪口を言う　to say nasty (bad) things about ~; to speak ill of ~
2. 雑誌　magazine
4. 返事が来る＝返事を受け取る(to receive an answer)　~への商用で on a business trip to ~
5. 有数の　eminent　　声楽家　a singer; a vocalist
6. 市立~　City ~; Municipal ~　　改築中　under repair
   公開する　to be open to the public
7. ホームステイ・プログラムで　on a home-stay program

CHAPTER 18
Present Perfect Tense (2)

> [1]
> 「動作の継続」 進行形を用いて
> It has been blowing since early morning.

この前の月曜日から、雨が降ったりやんだりしている。雨はもうたくさんだ。

It has been raining off and on since last Monday. We have had enough rain.

137. 「(今まで)～している」「現在までの動作の継続」を表すには現在完了進行形を用いる。
    a. 彼は（今まで、今日まで）酪農場で兄の仕事の手伝いをしていた。
       He has been helping his brother on a dairy farm.
    b. 彼は東京で仕事を探しています。
       He's been looking for a job in Tokyo.
    c. その老人は何もしないで、ずっとそこで立っている。
       The old man has been standing there, doing nothing.
    d. （今まで）明日の勉強の予習をしていました。
       I have been preparing for tomorrow's lessons.

[2]
「状態の継続」　単一形を用いて
How long have you known this lawyer?.

　スージーの様態はどんなですか。いい方でしょうね。私はこの2、3日、とても忙しくて彼女を見舞う暇がありませんでした。

How is Susie? Better, I hope. I have been very busy for the last (past) few days and have had no time to go and see her.

138.　"be," "have," "see," "know," "belong" のように、ふつう進行形を作らない動詞では、単一形で継続を表す。

a.　さっきから（今まで）どこにいましたか。
   Where have you been all this time?

b.　彼には（今日まで）久しく会っていません。
   I have not seen him for a long time.

c.　私は彼を（今日まで）子どものときから知っています。
   I have known him since he was a child.

d.　このマンション（分譲アパート）は、それ以来（今日まで）加藤家のものになっています。
   This condominium has belonged to the Katos since then.

> [3]
> 現在完了と「時の副詞」
> a. "just," "this year"
> b. "when," "last year"

「あの人は自転車旅行から、いつ帰りましたか」
「たった今帰りました。2階で、今、荷物を解いています」

"When did he return home from his cycling tour?" "He has just returned home. He is upstairs unpacking his things."

139. "when"（疑問副詞）の次に現在完了の疑問文を始めるのは誤りである。

  この前あの人に会ったのはいつですか。

  When did you see him last? （正）

  When have you seen him last? （誤）

140. "just"（今しがた）は現在完了形、過去形の双方で使われるが、"just now"（たった今）は過去形の文に用いる。

a. 彼は、たった今、その消化薬を飲んだ。

  He has just taken the medicine for indigestion.

b. 私は、たった今、ビールを一杯注文した。

  I ordered a glass of beer just now.

[追　補]

141 "since"「〜以来」「〜から」現在完了とともに
  a． 私が聞いてみた人はだれも先週以来彼女を見ていない。
     No one I've talked to has seen her since last week.
  b． スミス氏は昨年以来その会社についての情報を収集している。
     Mr. Smith has been collecting information about the firm since last year.

142． "for the last (past) few months," "these few months"
    「この2、3か月間」「過去2、3か月間」
  a． ここ10日間、雨がありません。
     There has been no rain for the last (past) ten days.
  b． この数か月間、彼から連絡がありません。
     I haven't heard from him for the last (past) few months.

143． "this year," "last year"　現在完了には過去を表す副詞はないが、現在に関係ある副詞は使われる。
  a． 去年は雪が多かったが、今年はごく少なかった。
     We have had very little snow this year, though we had a good deal last year.
  b． あの人は近頃あまり姿を見せません。
     I haven't seen much of him lately.
  c． 彼らは最近ずっと親密です。
     They've been a lot closer recently.

EXERCISE

1. 私は英語を3年半学んでいます。日本人が英語に熟達するのは、なかなか困難だと思います。
2. 「今まで何をしていましたか」「自分の部屋で、PCゲームをしていました」
3. 「どうかなさいましたか」「私はここ1か月ほど、気分がすぐれません」
4. このところ蒸し暑さが続く。強い日光を浴びないですめば、それでもいいが。
5. 「近頃、あの人から連絡がありましたか」「いえ、ありません。私もここ3か月ごぶさたしています」
6. 彼は、今日、9000円稼いだ。それだけの金を稼ぐことは、彼にとって決して容易でない。
7. その雑誌の4月号を一部、今日お送りしました。お気に召せばいいと思います。
8. 昨日は寒暖計が日中で25度あったが、今日は20度に下がった。もうじき秋になる。

WORDS & EXPRESSIONS

4. 蒸した damp, sultry, muggy, humid
   ～を浴びない(避ける) to avoid ～   日光 sunlight
6. ～を稼ぐ to earn ～
7. 4月号 the April number (issue)
8. 寒暖計 a thermometer   日中で in the daytime
   ～度である to stand at ～ degrees   下がる to fall

CHAPTER 19
Relative Pronoun

> [1]
> who（人間について）
> which（人間以外のものについて）
> that（すべてのものについて）

中国の気候は、海流の影響を受けている（ところの）日本の気候ほど温和ではない。

The climate of China is not as (so) mild as that of Japan which is influenced by ocean currents.

144. 主語としての "who," "which," "that" には動詞が続く。
 a. 一気に20年間眠り続けた（ところの）人の話を知っていますか。

 Do you know the story of the man who (that) slept for 20 years without waking up?
 b. 今朝来た（ところの）手紙には切手が貼ってなかった。

 The letter which (that) came this morning had no stamp on it.
145. 関係代名詞の数・人称は先行詞に一致する。

 Anyone who says that is mistaken.（3人称・単数形）
 Those who say that are mistaken.（3人称・複数形）

[2]
動詞の目的語として
"whom," "which," "that"

今度、彼が借りた（ところの）家は、そのバス停から歩いて10分ばかりのところです。

The house which (that) he has rented is about ten minutes' walk from the bus stop.

146. 動詞の目的語になるときは、"who"（主格）は"whom"（目的語）になるが、前に前置詞がなければwhomを省くかwho になることが多い。"which," "that" は変化しない。that の前に前置詞がくることはない。そして、これらの次には「主語＋動詞」が続き、関係代名詞はその動詞の目的語となる。

a. 所属する部の中に彼が信頼できない人がなん人かいた。

There were some in his own department who(m) he couldn't trust.

b. 向こうに見える（ところの）レンガの建物は私たちの学校です。

The brick building which (that) you see over there is our school.

動詞・前置詞の目的語になっている関係代名詞は省略ができる。

The brick building you see over there is our school.

They were the only people in the world the old man had close ties with.

> [3]
> a.「(ところの)こと」 b.「(ところの)もの」

あまり人を頼るな。自分の力でできる（ところの）ことを、人に頼んではいけない。

Don't depend too much on others. You must not ask others to do what you can do for yourself.

147. "what" は1語で、a.「(ところの)こと」、b.「(ところの)もの」ということを表し、1語で先行詞と関係代名詞の2つの働きをする。

    a. あの人の言っている（ところの）ことが、あなたに理解できますか。

       Can you understand what he is saying?

       医者は父の精神障害について知っていることを語ってくれた。

       The doctor told us what he knew about my father's mental disorder.

    b. あなたが手に持っている(ところの)ものを私に見せなさい。

       Show me what you have in your hand.

       食べ物、飲み物に気をつけなさい。

       Be careful about what you eat and drink.

[追 補]

148. "whose" 所有格　who — whose — whom
   a. むかし、ニコラスという名の人がいました。
      There once lived a man whose name was Nicholas.
   b. ジムはお金のことしか考えない上司と言い争った。
      Jim argued with his boss whose only concern was money.
149. 反復代名詞 "that," "those"
   a. 太陽の光は月の光より強い。
      The light of the sun is stronger than that of the moon.
   b. 彼の小説は、メルビルの小説ほど難しくない。
      His novels are not so difficult as those by Melville.
150. "〜 minutes' walk," "〜 minute bus ride"
   a. 公園は学校から歩いて5分のところです。
      The park is five minutes' walk from the school.
   b. 公園は学校からバスで5分以内のところです。
      The park is a five minute bus ride from the school.
151. "depend on 〜," "count on 〜" a.「〜に頼る」、b.「〜次第である」
   a. 人に頼るな、自分に頼れ。
      Don't depend on others, but depend on yourself.
   b. 健康は食事次第です（栄養のいかんによる）。
      Health depends on good food.
   c. あなたが当てにできることがわかっていた。
      I knew I could count on you.

EXERCISE

1. これは私に駅へ行く道をきいた人です。
2. 私が今読んでいる小説は、この本よりずっとやさしい。私が読んでしまったら、読んでみる気はありませんか。
3. 昼に輝く太陽の光は、夜になって光る月の光より強いことは子どもでも知っている。
4. 天気は非常によく、それに暖かだったから、ピクニックに行った人たちは大いに楽しんだ。
5. 先日お貸ししました本がご用済みでしたら、ボブに渡してください。彼が読みたがっています。
6. 向こうに見える家が私の家です。どうぞお帰りにお立ち寄りください。
7. 明日の課題は済ませましたか。今日できることを明日に延ばさない方がいいな。
8. アメリカでレンタカーを利用したいなら、国際免許証とクレジットカードが必要となる。

WORDS & EXPRESSIONS

2. 〜する気がある（好む）
4. ピクニック　a picnic　　楽しむ　to have a good time
5. 先日　the other day
7. 宿題(課題)　assignment, homework
8. 国際免許証　an international driver's license

CHAPTER 20
Conjunction (1)

> [1]
> a.「～か、それとも…か」 b.「さもないと」
> c.「～しなさい、そうすれば」

あなたは3時の列車に乗るのですか、それとも3時半のですか。3時の列車なら急ぎなさい。さもないと間に合いませんよ。

Are you going to take the 3:00 (three o'clock) train, or the 3:30 (three-thirty)? If the earlier, you must hurry, or you will miss it.

152. a. 明日、電話しましょうか、それとも明後日にしましょうか。

　　　Shall I call you tomorrow or the day after?

　b. すぐ出かけなさい、さもないと約束の時間に遅れる。

　　　Start at once, or you will be late for your appointment.

　c.「～しなさい(～があれば)、そうすれば」

　　　戸をたたきなさい、そうすれば、あなたのために戸が開きます。

　　　Knock, and the door will be opened for you.

　　　もう少しお金があれば、もっといい席が取れるのだが。

　　　A little more money, and you could get a better seat.

[2]

a. "either ~ or …"「~か…かのどちらか（ひとつ）」
b. "neither ~ nor …"「~も…もどっちもない」

彼は川の真ん中まで来ると、いちばん深いところで立ち往生した。彼は進むことも引くこともできなくなった。

When he reached the middle of the river, he was stranded where it was deepest. He could neither go forward nor back.

153. a. 彼は英語かドイツ語か、どちらか話せますか。

    Does he speak either English or German?

    b. 彼は英語もドイツ語も話しません。

    He speaks neither English nor German.

    He doesn't speak either English or German.

    "either," "neither" はそれだけで代名詞に用いられる。

    a. フレンチフライかマッシュポテトがあります。どちらかを召し上がれます。

    We serve French fries and mashed potatoes. You can have either.

    b. 彼はどっちも話せません。

    He speaks neither. He doesn't speak either of them.

> [3]
> a. "whether ～ or …"「～か、または…か」
> b. "whether ～ or not"「～か、ないか」「～か、どうだか」

彼は手腕家であるかないか確かではないが、その任に耐えるかどうか、やらせてみるがいい。

I am not certain whether he is a man of ability or not. But you'd (had) better let him try it to see if he is equal to the task.

154. 当時、それが絹だかナイロンだか私たちにはわからなかった。

We didn't know whether it was silk or nylon at that time.

155. 患者の状態がよくなっているのか悪くなっているのか医者にもわからなかった。

Even the doctor couldn't tell whether his patient's condition was improving or worsening.

"Whether" の代りに "if ～" を使うこともある。

このことが性差別事件に相当するか確信が持てない。

I'm not sure if this is a case of sex discrimination.

その試験にパスする特別なテクニックがあっても不思議ではない。

I shouldn't wonder if there are special techniques to pass the exam.

[追　補]

156. 「be going to-不定詞」「～するつもりである」「～しようと思う」

   a. 私はピクニックか何かを計画しようと思っている。

   I am going to plan a picnic or something.

   b. 彼らはあなたの提案を話し合うつもりです。

   They are going to discuss your proposal.

   c. スージーは、今日、昼食を抜こうと思っている。

   Susie is going to skip lunch today.

157. "either" は「2つ」について、「3つ以上」には "any" を用いる。

   a. この2つの中、どちらでもよろしい。

   Either of these two will do.

   b. この5つの中、どれでもよろしい。

   Any of these five will do.

158. "if ～" は "see," "know," "ask" のような動詞の次、また "certain," "sure" のような形容詞の次では「～かどうか」の意味を表す。

   a. I don't know if we should market these products.

   b. I will ask him if I left my purse in his car.

   c. I am not sure (certain) if she can come to my office.

   d. Will you see if you can get three economy seats on this flight?

EXERCISE

1. スージーもリジーも料理はうまくない。2人とも、たいてい外食だ。
2. 今年の夏は、私を山か海かどっちかへ連れて行くと、父は言っている。
3. 男の子たちは、お礼のしるしにお金を、と言われましたが、2人とも受け取りませんでした。
4. 2番目の角を右へ曲がりなさい。そうすると、右側に郵便局が見えます。
5. ゴルフは今は、金持ちやエリートたちの遊びでもなんでもない。やってみたくなったら連絡してください。
6. あの人から、去年の2月以来、連絡がありません。いま東京にいるのか横浜にいるのかわかりません。
7. 秋は暑過ぎもせず、また寒過ぎもせず、勉強には最も適した季節です。
8. 今日中に向こうに着きたいのなら、ここを午前9時発の列車か、午後1時半の急行で出発しなければなりません。

WORDS & EXPRESSIONS

2. 〜を連れて行く to take 〜
3. お礼 gratitude   〜のしるしとして in token of 〜
4. 角を左へ曲がる to turn left at the corner

CHAPTER 21
Conjunction (2)

〔 1 〕
both ~ and …
「~も…も」「~も…も両方とも」

逗子も鎌倉も、東京から南50キロメートルばかりのところにあって、電車に乗れば一時間ほどで着きます。

Both Zushi and Kamakura are located a little more than 50 kilometers south of Tokyo, and can be reached by train in about an hour.

159. a. スイスでは、ドイツ語に加えてフランス語もイタリア語も話します。

In Switzerland both French and Italian are spoken in addition to German.

b. ジムもスージーも80まで生きました。

Both Jim and Susie lived to be eighty.

"both" はまた、単独にも用いられる。

a. 彼らは2人とも高等教育を受けた。

They both (Both of them) received higher education.

b. 彼らは2人とも親日的で反日的ではありません。

They are both (Both of them are) pro-Japanese, not anti-Japanese.

> [2]
> so ～ that…
> 「(非常に)～だから…」「～なので…」「…なほど～」

外国人としては日本語を非常に上手に話すので、しばしば、人が彼を日本人と思うことがあります。

For a foreigner he speaks Japanese so well that people often take him for a Japanese.

160. "so" の次には形容詞か副詞が続く。

　a. 彼はゆっくり話したから、私にはよくわかりました。

　　He spoke so slowly that I could understand him well.

　　この構文は "and so" で書き換えられる。

　　He spoke slowly, and so I could understand him well.

　b. 風がひどかったので、傘がおちょこになった。

　　It was so windy that my umbrella blew inside out.

　c. どんな子どもにでも持ち上げられるほど軽かった。

　　It was so light that any child could lift it.

　d. 日光と風が木材を堅く丈夫なものにするので人々は建物や家具に使用することができる。

　　The sun and the wind make wood so stiff and hard that people can use it for building and furniture.

CHAPTER 21

> [3]
> so 〜 that …＋否定詞
> a.「〜だから…ない」　b.「…でないほど〜」

彼は道端の小さな旅館に泊まらねばならなかった。もう一歩も先へ歩けないほど疲れていたのだった。

He had to stay at a small roadside inn(,) because he was so tired that he could not walk any further.

161.　彼はひどく怒っていたので、私の言葉に耳を傾けなかった。
　　　He was so angry that he did not listen to me.
　　　この文は「too〜to-不定詞」を用いて、複文から単文に書き換えられる。
　　　He was too angry to listen to me.
　　　複文の主語が違うときは、第2の主語は "for〜" となる。
　　　バケツは重かったので、コゼットには運べなかった。
　　　The bucket was so heavy that Cosette could not carry it.
　　　The bucket was too heavy for Cosette to carry.
　　　スージーは物音におびえて頭が働かなかった。
　　　Susie was so scared of the noise that she couldn't think straight.
　　　Susie was too scared of the noise to think straight.

［追　補］

162. south of ～「～の南」「～から南」
    a. 日光は東京の北にある。(北方に)
       Nikko is to the north of Tokyo.
       距離が明示されるときは "to the" を略してもよい。
       Nikko is about 70 miles north of Tokyo.
    b. 川崎は東京の南にある。(南境に)
       Kawasaki is on the south side of Tokyo.
    c. 上野は東京の北にある。(北部に)
       Ueno is in the north of Tokyo.

163. "for ～"「～としては」「～のわりには」
    a. 年齢にしては、なかなか足がしっかりしている。
       He can walk well for his age.
    b. 10歳の子どもとしては、なかなか利口です。
       For a child of ten he is very clever.

164. any＋比較級（否定文・疑問文に）
    a. 私はもうこれ以上食べられません。
       I can't (cannot) eat any more.
    b. 私はもうこれ以上待つことはできません。
       I can't (cannot) wait any longer.
    c. もっと質問がありますか。
       Do you have any more questions?
       なにか質問がありますか。
       Are there any questions?

EXERCISE

1. 国の内外に名高い日光は、東京の北150キロメートルのところにある。
2. その男の子は読むことも書くこともできなかった。彼の父は、彼を学校にやるにはあまりに貧しかった。
3. 彼はそれを聞いたとき、手に持っていたものを落とすほど驚きました。
4. あなたはあまりにも早口なので、言うことがわからない。
5. 「私は英語もドイツ語も知りません。あなたはどちらか話しますか」「両方ともできます」
6. 私は旅行の準備ができなかったほど仕事が多かったので、やむを得ず1月10日まで出発を延ばした。
7. ビタミンとミネラルは、我々にとって非常に大事なもので、1日もこれを欠くことは絶対にできません。
8. 出された問題はたいそう難しくて、私たちの中で正解を与えた者はありませんでした。

WORDS & EXPRESSIONS

1. 国の内外に   both at home and abroad
   名高い   to be well-known
3. 〜を落とす   to let 〜 fall
6. 〜の準備をする   to get ready for 〜
7. ビタミン   vitamin(s)   ミネラル   mineral(s)
   〜がなしで済ます   to do without 〜

CHAPTER 22
Interrogative Sentence

> [1]
> 直接疑問と間接疑問
> 主語の位置

ほら、ベルが鳴っている（お客だよ）。どなただか行ってごらん。客を玄関先に長く待たせてはいけないよ。

Listen, there's the bell. Go and see who it is. We mustn't keep our visitor waiting long at the door.

165. 間接疑問。主語の位置 [S+V]

a. How far is it from here to Washington D.C.?
   Tell me how far it is from here to Washington D.C.
b. How long can you stay under water?
   Try and see how long you can stay under water.
   疑問の助動詞 "do" "did" は消える。
c. How did you feel about the nuclear disaster?
   Tell me how you felt about the nuclear disaster.

[2]
疑問詞の位置

1. 彼が誰か知っていますか。
   Do you know who he is?

2. 彼が誰だと思いますか。
   Who do you think he is?

166. a. 間接疑問文では疑問詞の位置が2つある。
    1. "Yes," "No" で答える文では疑問詞は「主節の次」
    2. "Yes," "No" で答えない文では疑問詞は「主節の前」
       1. Do you know where he will end his trip?
       2. Where do you think he will end his trip?
  b. 1. Do you remember how much you paid for this gadget?
     2. How do you suppose they brought those big stones into the garden?
  c. 1. Did he say what company he works for?
     2. What time did he say his departure time was?
  d. 1. Did they say in what field Japan leads the world?
     2. In what field did they say Japan leads the world?

〔3〕
疑問詞のない疑問文
ifを補う

完全に理解できたかどうかわからない。
要点をもう一度繰り返してもらえるか彼にきいてください。

I don't know if I understood completely. Please ask him if he can repeat the main point.

167. 疑問詞のない疑問文を間接疑問にするときには、接続詞"if"を補う。
   a. Do you agree in principle?
      I don't know if you agree in principle.
   b. I wondered if we might meet the next day.
      Ask her if it's not too much trouble.
168. "if"の意味。a.「もし〜ならば」 b.「たとえ〜としても」
   c.「〜かどうか」
   a. You must behave politely if you want to give a good impression.
   b. I don't care if you fail the entrance exam.
   c. I don't know if (=whether) he is on another line.

[追 補]

169. 「keep＋目的語＋補語」（不完全他動詞）
   a. 彼は私を1時間待た―立た―せておいた。
      He kept me waiting — standing — an hour.
   b. 彼は歯をきれい―足を暖かく―しておいた。
      He kept his teeth clean — his feet warm.
   c. 彼は窓を開けて―閉めて―おいた。
      He kept the window — open — shut.
170. 主語と動詞の位置。主語が長く重要なときは、間接疑問でも［V+S］となることがある。

   Which is the shortest way to the Plaza Hotel?
   Tell me which is the shortest way to the Plaza Hotel.
171. "home," "hometown"「郷里」「故郷」(町とは限らない)
   a. 明日、くに(故郷)へ帰ります。
      I am going home tomorrow.
   b. 昨日、郷里からの友人が訪ねてきた。
      A friend from my hometown came to see me yesterday.
   c. くにでは両親が野菜を作っています。
      At home my father and mother grow vegetables.
   d. 郷里(の母へ)手紙を出した。
      I wrote home (to my mother).

EXERCISE

1. 水泳とジョギングでは、どちらが健康によいと思いますか。
2. だれかがドアをノックする音がしました。どなたダか行ってごらんなさい。
3. 「電車で動物園へ行けば、どのくらい時間がかかると思いますか」「30分以上かかります」
4. 日曜の何時にここを出発するか、電話してください。
5. 手紙では、彼は今日何時に着くと言っていますか。
6. もしあの人に何か相談することがあるのでしたら、明日、午後、あなたが行ってもいいか聞いてみましょう。
7. 兄が定年まで同じ会社で働くかどうかわかりません。
8. 「日本の人口はどのくらいあると思いますか」「1億2000万ぐらいと思います」

WORDS & EXPRESSIONS

2. ドアをノックする　knock on (at) the door
7. 定年　retirement age; retiring age
8. 億　hundred million　　1000万　ten million

CHAPTER 23
Numerals

> [1]
> 数、分数、割合

その国の人々は多く農業に従事し、農産物がその輸出総額の5分の4、すなわち8割をしめている。

The people of that country are engaged mostly in agriculture; agricultural products occupy four-fifths, that is, eighty percent of the total amount of their exports.

172. 〈564, 381, 635, 721.03〉
    Five hundred (and) sixty-four billion,
    three hundred (and) eighty-one million,
    six hundred (and) thirty-five thousand,
    seven-hundred (and) twenty-one point zero three
    1/2　a half; one-half　　1/3　one-third
    1/4　a quarter; one-fourth　　1/5　one-fifth
    分子が複数のときには、分母が複数形になる。
    3/7　three-sevenths
173. 3%　three percent　　33%　thirty-three percent (3割3分)
    a. 1ドルの1割は10セントです。
       10 percent of a dollar is 10 cents.
    b. 志願者の2割は不合格であった。
       Twenty percent of the applicants failed.

[2]
倍数　加減乗除

本年度の早稲田大学の入学志願者の数は募集人員の10倍あった。

The number of the applicants for admission to Waseda University this year was ten times as large as that which could be admitted.

174. 「倍数」の表し方。

　　4倍　"four times as much (long) as…," "four times more (longer) than …"

　半倍(半分)　"half as ～ as…"　This is half as large as that.

　2倍　"as ～ again as …"　This is as large again as that.

　　1倍半　"This is half as long again as that." = "This is one and a half times longer than that."

a. Three plus four equals (is) seven.
　　3+4=7　add 3 to 4
b. Ten minus four equals (is) six.
　　10−4=6　subtract (take) 4 from 10
c. Four times three (Three times four) equals (is) twelve.
　　4×3=12　multiply 4 by 3
d. Five into ten equals (is) two.
　　10÷5=2　　divide 10 by 5

[3]
数詞の複数形
two hundred 〜, hundreds of 〜

近い将来、20万以上の外国人の学生が日本の大学で学ぶことが期待される。

More than two hundred thousand foreign sudents are expected to study at Japanese universities in the near future.

175. 数詞の複数形 (hundreds of) (two hundreds of ＋名詞や two hundreds ＋名詞の形はない)

　a. いく百人という(たくさんの)人々が溺れた。
　　Hundreds of people were drowned.
　b. いく千もの (たくさんの) 木が風に吹き倒された。
　　Thousands of trees were blown down.
　c. 数万 (たくさん) のイワシがとれた。
　　Tens of thousands of sardines were caught.
　d. いくダースという (何十もの) 完全な品物が毎日捨てられる。
　　Dozens of perfectly good items are thrown away every day.
　e. 毎年、何百万という (おびただしい数の) サケが捕れる。
　　Millions of salmon are caught every year.

[追 補]

176. 国名とその代名詞（国と船には"she"を使うことがあるが、現在では"it"がふつう使われる）

　英国は多くの偉大な学者を生み出したが、ニュートンは英国が誇りとするのも当然な人物の一人である。

England has produced many great scholars, and Newton is one of the figures that she can justly boast of.

cf. Soon they landed in New Zealand. They thought it was a very beautiful country.

177. "days," "weeks," "years," "miles"

a. いく日も、いく週間もたったが、ついに、その探検家は戻らなかった。

Days and weeks passed but the explorer never returned after all.

b. 巨大な津波のため、北日本の広大な地域が、いくマイルにもいくマイルにもわたって水浸しになった。

Due to the huge tsunami, vast areas of northern Japan were under water for miles and miles around.

178. "a number of ～ (=some)," "a large number of ～" (=a great many)

　公園には大勢の人が出ていた。

The park was crowded with a large number of people.

EXERCISE

1. 「6の5倍はいくつですか」「30です」
2. 今年の東京大学の入学志願者は昨年の1.5倍です。
3. 以前、日本では火事がひんぱんで、毎年何千という家屋が焼失した。
4. 桜が盛りのときには、吉野は何万という人で混雑します。
5. この学校の学生の7割は地方出の者で、ほとんど親類の家や小さなアパートに滞在します。
6. 「あなたはたくさんの本を持っていますね。これを全部読みましたか」「3分の2は読み終わりました」
7. 地球の表面の約4分の1は陸で、あとは水です。すなわち、陸の3倍ばかり水があります。
8. その国の面積は我が国の面積の2倍ほどあるが、人口は3分の1より少ない。

WORDS & EXPRESSIONS

2. 芸術大学　a university of arts
3. ひんぱんである　to be frequent
   焼失する　to be destroyed by fire
4. 盛りである　to be at one's best
5. 地方出の者である　to be from rural districts
   親類　a relative　アパート　an apartment
7. 表面　surface　あと　the rest
8. 面積　area

CHAPTER 24
Comparison

> [1]
> 「…ほど〜なもの(こと)はない」
> 「…より〜なもの(こと)はない」

いろいろな国を訪れ、生き方や考え方の異なる人たちに会い、それによって文化的な視野を広げることぐらい楽しいことはない。

Nothing is more pleasant than to visit different countries, meet people with different ways of living and thinking and broaden one's cultural horizons.

179. "nothing is so 〜 as …"
   "nothing is +比較級+than …"
   a. 外国旅行ほど楽しいものはない。
      Nothing is so pleasant as traveling abroad.
      Nothing is more pleasant than traveling abroad.
   b. 健全な精神と身体を持つことほど大切なことはない。
      Nothing is so important as to possess a sound mind and a sound body.
      Nothing is more important than to possess a sound mind and a sound body.

[2]
比較級とその修飾語の位置
"two years older" = "older by two years"

私たちの飛行機が羽田に近づいたとき、東京湾の上をしばらく旋回した。飛行機は予定の時間より約40分遅れて着陸した。

When our plane neared Haneda, we circled over Tokyo Bay for some time. We landed about forty minutes later than the scheduled time.

180. 比較級を修飾する語は比較級の前に置く。

　a. How much larger is the earth than the moon?

　b. How much longer have I got to (do I have to) wait?

　c. He is a little better this morning than yesterday.

　byは分量、程度の「差」を表し、用いるときは、後置きになる。

　a. He is ten years older than I am.
　　 He is older than I by ten years.

　b. He arrived two hours earlier than the others.
　　 He arrived earlier than the others by two hours.

> [3]
> "than," "as" 以下の省略
> "I like winter better." "He is twice as rich."

「あいにく加藤さんは今、席を外しています」
「それでは、明日の朝の今頃か少し早めにもう一度電話をさしあげます」

"I am sorry Mr. Kato is not at his desk." "Well, then, I will call him back at this time tomorrow morning or a little earlier."

181. than 以下を省略するときは比較級を残す。
   a. I like winter better (than summer, …).
   b. He is forty, but he looks much younger (than his age).
   c. You do not work hard enough; you must work harder (than you do now).
182. as 以下を省略するときに、最初の as を抜かさないように注意する。

   彼は本をおよそ100冊持っているが、私は彼の倍持つ。

   He has about 100 books, and I have twice as many (as he has).

CHAPTER 24

[追　補]

183.　　after ～ absence「～の間不在の後」
　　　　after ～ separation「～の間別れていた後」
　　a.　彼は2年ぶりで郷里へ帰った。
　　　　He returned home after an absence of two years.
　　　　He returned home after two years' absence.
　　b.　私は2年ぶりで妹に会いました。
　　　　I saw my sister after two years' separation.

184.　　by ～「～だけ」。差異を表す。
　　a.　私はあなたより1インチだけ高い。
　　　　I am taller than you by an inch.
　　b.　1メートルだけ短すぎる。
　　　　It is too short by a meter.
　　c.　1分ちがいで列車に遅れた。
　　　　I missed the train by a minute.

185.　　I am sorry「あいにく」「残念ながら」
　　a.　あいにく持ち合わせが少しもありません。
　　　　I am sorry I have no money with me.
　　b.　残念ながらお申し出に応じかねます。
　　　　I am sorry I cannot accept your offer.
　　c.　残念だったが、彼女の名前を思い出せなかった。
　　　　I was sorry I couldn't remember her name.

EXERCISE

1. 久しぶりで郷里に帰って、緑の山や川や畑を見ることほど私にとって楽しいことはない。
2. 弟は学校で私より熱心に勉強した。その結果、奨学金を得て物理学を専攻した。
3. 私の兄は私より3つ年が上ですが、背が私よりも4センチも低いので、私を兄と間違える人がよくあります。
4. もっとしっかり勉強しなければだめだ。そうしないと試験の成績がよくないよ。
5. 今朝はいつもより15分早く家を出た。8時までに学校に来るようにと、クラス担任の先生に言われたので。
6. 私はこの3年間、早朝の散歩をやっていますが、朝の運動ほど身体にいいものはありません。
7. 彼は途中でしばらく休まねばならなかったので、ほかの者より20分遅れて着きました。
8. 「学校までバスでどのくらいかかりますか」「約10分かかります。しかし徒歩では、その3倍はかかります」

WORDS & EXPRESSIONS

1. 畑　field(s)
2. 奨学金　scholarship　　～を専攻する　major in ～
   物理学　physics
3. 低い　short
4. 良い成績をとる　to do well; to have a good record
5. いつもより　than usual
   クラス担任(の先生)　one's homeroom teacher
6. 早朝の散歩をやる　to have an early morning walk

CHAPTER 25
Preposition

> [1]
> In which house does he live?
> Which house does he live in?

「彼は何の目的であんなに頑張っているのですか」「仕事をいっぱい抱えていて、それもまったくひとりなんです」

"What is he working so hard for?" "He has a lot of work ahead of him and is truly on his own."

186. 疑問詞を目的語とする前置詞の位置

　　　節の後方または疑問詞の直前

  a. Who did you give it to?

   (To whom did you give it?)

  b. I wonder what you are looking for.

   (I wonder for what you are looking.)

  c. Do you know what frogs feed on?

   (Do you know on what frogs feed?)

  d. No one knows with certainty what they talked about.

   (No one knows with certainty about what they talked.)

> 〔2〕
> This is the house in which he lives.
> This is the house (which) he lives in.

昨日あなたにお話した（ところの）伊藤さんと一緒に、金曜日の午後3時から4時までにお宅へうかがいます。

I will call on you (on) Friday afternoon, between 3 and 4, with Mr. Ito who(m) I told you about yesterday.

187. 関係代名詞を目的語とする前置詞の位置

代名詞の直前または節の後方

文化人類学は私が最も興味を持っている(ところの)科目です。

a. Cultural anthropology is the subject in which I am most interested.
b. Cultural anthropology is the subject which I am most interested in.

ただし、関係代名詞が that のときは、前置詞は常に節の後方に置かれる。

c. Cultural anthropology is the subject that I am most interested in.

> [3]
>
> 関係代名詞の省略
> Does the woman you're talking
> about live in this neighborhood?

あなたが探している（ところの）家は、川向こうの小山の上にある家だと思う。

The house (that) you are looking for, I think, is the one that stands on the hill across the river.

188. 前置詞の目的語になっている関係代名詞を省略することは多いが、その場合は、前置詞は常に節の後方にくる。

   a. 話し合いたいことがあと3つあります。

   There are three more things I want to talk about.

   b. 今までこんな美しい部屋へ入ったことがない。

   This is the prettiest room (that) I ever was in.

   c. これが私が探していたATMカードです。

   This is the ATM card (that) I was looking for.

   d. 私が話をしていた紳士は齋藤さんでした。

   The gentleman (whom) I was talking to was Mr. Saito.

[追　補]

189. prepare「準備する」「覚悟させる」「支度する」
   a. 私は試験の準備をした。
   I prepared (myself) for the examination.
   b. 彼らは悪い知らせを覚悟した。
   They prepared themselves for bad news.
   c. ボブは、お母さんが夕飯の支度をする間に勉強の予習をする。
   Bob prepares his lessons while his mother prepares supper.

190. "between ～ and …" "from ～ to …"
   a. 2時から4時まで（の間）に立ち寄ってください。
   Stop in between two and four.
   b. 2時から4時までここにいなさい。
   Stay here from two to four.
   今からクリスマスまでに少し休暇を取ろうかと思います。
   I'm going to take some time off between now and Christmas.

191. 反復代名詞 "one," "the one" は、同種異物件をさす。
   2011年3月11日東北地方を襲った地震は、1995年に神戸を荒廃させた地震より、よほど強烈だった。
   The earthquake that hit Tohoku on March 11, 2011 was a good deal stronger than the one that devastated the Kobe area in 1995.

EXERCISE

1. 向こうに見えるあの橋を渡りなさい。すると右手に鉄門のある邸宅があります。それが、あなたが探している家です。
2. 「あなたが最も興味を持っている科目は何ですか」「化学と生物学です」
3. 「私のシャツは何でできていると思いますか」「綿だと思います」
4. こうした細菌は何を食べて生きているか知っているか。
5. 今度の金曜日に提出するレポートのことを忘れないように。
6. 「彼は東京へ何しに行くところですか」「仕事を探すためでしょう」
7. 昨日私のほうからお話し申し上げた新商品を持って、明日午後2時から4時までに、オフィスにおじゃまいたします。
8. 私は子どもの頃に、風はどこから来るのかしら、と思ったことがよくありました。

WORDS & EXPRESSIONS

1. 〜を渡る to cross 〜 〜のある with 〜
2. 化学 chemistry 生物学 biology
4. 〜を食べて生きる to live (feed) on 〜
6. 仕事を探す to seek employment; to look for a job
8. 〜かしらと思う I wonder 〜

著者との了解
により検印省略

ザ ニュー アート オブ イングリッシュ コンポジション
改訂新版 THE NEW ART OF ENGLISH COMPOSITION

第 一 巻

2012年3月1日　改訂新版　初版発行

定価（本体860円＋税）

© 著 作 者　A.W. MEDLEY
　　　　　　村 井 知 至
　　　　　　飯 田 弥太郎
　　　　　・・
　　　　　　古 澤 寛 行
　　　　　　D．C O Z Y
発 行 者　中 藤 文 男
表紙制作 古田 修／本文DTP 安部彩野
印刷製本　株式会社 廣 済 堂

発行所　〒106-0044
　　　　東京都港区東麻布1-8-4
　　　　電話 03(3568)7972
　　　　振替 00160-4-30113
　　　　　　　　　　　株式会社 泰文堂

〔本書の無断複製を禁ず〕
本書は学校用テキストですから解答はありません。

ISBN　978-4-8030-0309-3　C7082